essentials

essentials liefern aktuelles Wissen in konzentrierter Form. Die Essenz dessen, worauf es als „State-of-the-Art" in der gegenwärtigen Fachdiskussion oder in der Praxis ankommt. *essentials* informieren schnell, unkompliziert und verständlich

- als Einführung in ein aktuelles Thema aus Ihrem Fachgebiet
- als Einstieg in ein für Sie noch unbekanntes Themenfeld
- als Einblick, um zum Thema mitreden zu können

Die Bücher in elektronischer und gedruckter Form bringen das Expertenwissen von Springer-Fachautoren kompakt zur Darstellung. Sie sind besonders für die Nutzung als eBook auf Tablet-PCs, eBook-Readern und Smartphones geeignet. *essentials:* Wissensbausteine aus den Wirtschafts-, Sozial- und Geisteswissenschaften, aus Technik und Naturwissenschaften sowie aus Medizin, Psychologie und Gesundheitsberufen. Von renommierten Autoren aller Springer-Verlagsmarken.

Weitere Bände in der Reihe http://www.springer.com/series/13088

Michael Loebbert

Coaching in der Personal- und Organisationsentwicklung

Für selbstbestimmtere Mitarbeitende

 Springer

Michael Loebbert
Hochschule für Soziale Arbeit
Fachhochschule Nordwestschweiz
(FHNW)
Olten, Schweiz

ISSN 2197-6708   ISSN 2197-6716   (electronic)
essentials
ISBN 978-3-658-23730-1   ISBN 978-3-658-23731-8   (eBook)
https://doi.org/10.1007/978-3-658-23731-8

Die Deutsche Nationalbibliothek verzeichnet diese Publikation in der Deutschen Nationalbiblio-
grafie; detaillierte bibliografische Daten sind im Internet über http://dnb.d-nb.de abrufbar.

Springer ist ein Imprint der eingetragenen Gesellschaft Springer Fachmedien Wiesbaden GmbH
und ist ein Teil von Springer Nature
Die Anschrift der Gesellschaft ist: Abraham-Lincoln-Str. 46, 65189 Wiesbaden, Germany

Was Sie in diesem *essential* finden können

- was Personal- und Organisationsentwickler über Coaching mindestens wissen sollten
- Coaching in der und als Personal- und Organisationsentwicklung auf den Punkt gebracht
- Einführung von Coaching als Personal- und Organisationsentwicklung in 5 Schritten
- Designs und Formate für Coaching in Organisationen
- agiles Coaching für agilere Organisationen

Vorwort

Selbstbestimmung wird in modernen agileren Organisationen zur zentralen und wettbewerbsentscheidenden Kompetenz. Unternehmen, in denen Mitarbeitende sich selbst steuern können – Selbstbestimmung als Selbststeuerungskompetenz –, stellen schnellere und bessere Lösungen für ihre Kunden bereit und produzieren weniger Kosten für Kontrolle und Strukturen.

Coaching zielt auf die Unterstützung der Selbststeuerung von Menschen. Moderne Führung, Beratung und Training enthalten zumindest Coaching-Elemente. Selbstbestimmtere Mitarbeitende brauchen Coaching als eine Dienstleistung, die ihnen hilft, ihre Ziele zu erreichen und ihre Vorhaben zu verwirklichen. Es geht um persönlichen und organisationalen Erfolg.

Personal- und Organisationsentwicklung als unternehmerische Funktion, nämlich den Mitarbeitenden die für sie passenden Arbeitsbedingungen zu schaffen, braucht und ist immer mehr Coaching. Die alten Planspiele, systematische Entwicklungspfade zu gestalten und Organisation am grünen Tisch zu entwerfen, sind für die Entwicklung von Selbstbestimmung von Menschen in Organisationen weniger geeignet.

Dafür, wie Coaching in der Personal- und Organisationsentwicklung eingeführt und genutzt werden kann, gibt dieses *essential* einen Überblick. Eckpunkte und Konzepte werden dargestellt. Auf Klippen und Risiken wird hingewiesen. Zusätzlich sind kleine Denkaufgaben eingestreut. Merksätze sind hervorgehoben.

Was Verantwortliche für Personal- und Organisationsentwicklung über Coaching wissen sollten. In diesem Sinne ist das Buch eine Ergänzung meines umfänglicheren Buches Coaching Theorie (2017). Das „kleinere" Buch ist für Praktikerinnen, für Coaches, die im Kontext von Personal- und Organisationsentwicklung arbeiten, genauso wie für Verantwortliche und Führungskräfte in der Personal- und Organisationsentwicklung, die Coaching einsetzen.

Dr. Michael Loebbert

Inhaltsverzeichnis

Über den Autor

Dr. Michael Loebbert arbeitet seit 30 Jahren als Organisationsberater, Executive Coach und Supervisor. Ab 2009 verantwortet er zudem den Masterstudiengang für Coaching und Supervision (MAS Coaching FHNW) an der Fachhochschule Nordwestschweiz. Er ist Autor einschlägiger Veröffentlichungen zu Beratungsthemen, Change-Management, Kulturentwicklung, angewandte Geschichten in Beratung und Management, Coaching und Supervision. Schwerpunkte seiner Praxis sind Coaching, Supervision und Beratung für Beratungsprojekte und die Einführung von Coaching in Organisationen.

1.1 Warum Coaching in Organisationen?

Das Verhältnis von Personen und Organisationen in der Arbeitswelt verändert sich. Qualifizierte Berufsmenschen arbeiten in Organisationen, in denen sie ihrer eigenen professionellen Logik folgen können. Das verändert auch den Ansatz der Personal- und Organisationsentwicklung: aus Vorstellungen einer instrumentellen Passung von Personen an Organisationen wird die Herausforderung, persönliche Steuerung und Verantwortung für Organisationen zu entwickeln. Personen machen Organisationen.

Coaching ist eine Dienstleistung zur Unterstützung und Verbesserung der Selbststeuerung (Handlungssteuerung) von Personen in Organisationen. Coaching-Angebote, Coaching-Programme und die Verzahnung mit organisationalen Leistungsprozessen rücken deshalb immer mehr in die Aufmerksamkeit moderner Personal- und Organisationsentwicklung. Die international wachsende Verbreitung von Coaching in Organisationen weist auf den spezifischen Bedarf moderner Organisation hin, der Individualisierung von Gesellschaft in Produkten und Leistungen der Zusammenarbeit Rechnung zu tragen. Zugleich wird die individuelle Zurechnung von Leistung und Erfolg zu einem Prinzip ihrer Organisationsentwicklung. Persönliche Verantwortung für Leistung und Partizipation sind untrennbar verbunden. Das ist nicht zu verwechseln mit Einzelkämpfern. In modernen Organisationen sind die Teams, die Zusammenarbeit in Teams, der eigentliche Motor für Leistung und Wertschöpfung. Nur in der Zusammenarbeit unterschiedlicher Menschen und Perspektiven können jene komplexen Produkte und Leistungen wie z. B. Verkehrssysteme und Kliniken entstehen, die wir für das Leben in modernen Gesellschaften brauchen.

© Springer Fachmedien Wiesbaden GmbH, ein Teil von Springer Nature 2019
M. Loebbert, *Coaching in der Personal- und Organisationsentwicklung*,
essentials, https://doi.org/10.1007/978-3-658-23731-8_1

Die Organisationen mit den besten Mitarbeiterinnen sind am erfolgreichsten. Das verändert das traditionelle Verhältnis von Individuum und Organisation in der Arbeitswelt: Individuen, qualifizierte Berufsmenschen *(professionals)*, entscheiden sich für Organisationen, mit denen sie ihre individuellen Vorstellungen von Zusammenarbeit und zu erreichenden Zielen verwirklichen wollen. Und sie können sich auch dagegen entscheiden. Sie haben die Wahl.

> **Aufgabe:** Denken Sie diese Argumentation selbst weiter. Was sind die weiteren Folgen für Personal- und Organisationsentwicklung?

1.2 Pragmatische Perspektive

Hintergrund für die Einführung von Coaching in die Personal- und Organisationsentwicklung ist die globale Entwicklung der Informationstechnologien (Digitalisierung) und die damit einhergehende Individualisierung von Produkten und Leistungen. Das spüren Menschen in internationalen Organisationen, die in flacheren Hierarchien und zunehmender geschäftlicher Mitverantwortung ihre Leistungen erbringen. Mitarbeitende in sozialen Einrichtungen, mittelständischen Unternehmen und Verwaltungen müssen ihre Wertbeiträge für Kundinnen und Gesellschaft auch im internationalen Wettbewerb darstellen. Menschen in Organisationen sind daher stärker als früher herausgefordert, sich in ihren Rollen und funktionalen Verantwortlichkeiten in komplexen Situationen eigenständig zu orientieren. Dies wiederum können sie nur, wenn sie ihre Autonomie und Selbstverantwortung bewusst wahrnehmen und steuern. Darum geht es beim Coaching: Menschen in ihrer Selbststeuerung und Selbstbestimmung für erfolgreiches Handeln zu unterstützen.

Diese *pragmatische* (griechisch: auf Handeln bezogene) Perspektive, also das, was beim Coaching herauskommt, reflektiert ein Wirkungsmodell (vgl. Abb. 1.1): Die inneren Parameter Persönlichkeit, Haltung, Fähigkeiten und Selbststeuerung zielen auf Handeln und Verhalten. Es geht darum, was dabei herauskommt, Leistungen, Wertbeiträge, letztlich den Beitrag für eine etwas bessere Welt. Menschen, die Coaching nutzen, um ihre Selbststeuerung zu verbessern und erfolgreicher zu sein, sind zugleich Weltverbessererinnen[1], sei es als Sisyphos,

---

[1]Vgl. Loebbert (2013, S. 1 ff.). Das „Bessere-Welt-Argument" ist nicht bloß äußerlich. Es gehört zu den zentralen Konzepten einer Coaching-Theorie aus pragmatischer Sicht.

Ein Wirkungsmodell:«Coaching for better Results»

Abb. 1.1 Wirkungsmodell für Coaching

als Überzeugungstäterin oder auch als Skeptikerin, die hinterfragt, ob überhaupt etwas mit Coaching erreicht werden kann.

▶   **Aufgabe:** Was sind aus Ihrer persönlichen Sicht 5 wichtige Merkmale moderner Personal- und Organisationsentwicklung? Was sollte sie leisten?

1.3   Herausforderung für Personal- und Organisationsentwicklung

Personal- und Organisationsentwicklung werden als organisationale *Managementfunktionen* verstanden, sei es in kleineren Organisationen als Teil der Führungsaufgabe oder in größeren als differenzierte professionelle Rollen: Personalentwicklung (PE) hat die Aufgabe die richtigen Kompetenzen an der richtigen Stelle zur richtigen Zeit bereitzustellen. Sie ist damit verantwortlich für passende Entwicklungsangebote für Personen, Talentmanagement und Personalmarketing: Wie finden, binden und entwickeln wir die besten Mitarbeiter für uns? Organisationsentwicklung (OE) stellt die Managementberatung und die Moderation von Veränderung zur Verfügung. Sie hat die Funktion, den organisationalen Rahmen (formale und informelle Organisation) für eine optimale Gestaltung der Leistungsprozesse (Ablauf und Aufbau) zu entwickeln. Zusätzlich verantwortet sie in modernen Organisationen die Entwicklung einer Kultur der Selbststeuerung und Selbstentwicklung als Kompetenz, Erfahrungsraum und organisationale Form von Teams, Abteilungen und der Gesamtorganisation. – Entwicklung hat die Richtung, dass es (etwas) besser wird.

Im funktionalen Verständnis von *Management in Organisationen* wird die Verantwortung für die Steuerung von Coaching in Organisationen der PE und OE zugerechnet, sei es in größeren Organisationen als explizite Rollen oder auch als Verantwortung von Führungskräften überhaupt. – Darum steht im Titel des vorliegenden Buches „Personal- und Organisationsentwicklung". Gemeint ist nicht (nur) die explizite Rolle oder Abteilung, sondern die *organisationale Funktion.*

Die Herausforderung für PE und OE, die Coaching unterstützen, steuern und managen wollen, ist neben einer gewissen Expertise und Neugier für Coaching in Organisationen vor allem die Glaubwürdigkeit, wirklich für Coaching und Selbststeuerung einzustehen. Menschen, die Coaching nicht glaubhaft als Unterstützung ihrer Selbststeuerung wahrnehmen, werden im Coaching nicht kooperieren. Idealerweise haben verantwortliche Personen selbst mindestens eine grundständige Weiterbildung für Coaching absolviert und sind selbst Promotorinnen und Promotoren für Coaching in eigener Sache. Dafür ist auch dieses Buch gemacht. Was Verantwortliche für PE und OE über Coaching mindestens wissen sollten.

1.4   Überblick des Buches

Nach der kurzen Einführung von Coaching in Organisationen in diesem Kapitel gibt das zweite Kapitel eine Beschreibung des Coaching-Prozesses in seinen Phasen. Für die im dritten Kapitel erörterte Frage, wie Coaching als PE und OE eingeführt und gemanagt werden kann, bildet die Prozessbeschreibung von Coaching den Bezugsrahmen. Ähnlich wie in der Prozesssteuerung eines einzelnen Coachings kann auch die Steuerung von Coaching in Organisationen als eine geregelte Abfolge von Phasen beschrieben werden. Wie Coaching seine eigene Dynamik als OE entfalten kann, beschreibt das vierte Kapitel. Das fünfte Kapitel *Coaching in agilen Organisationen* ist dafür ein Zielhorizont und Ausblick.

Der Coaching-Prozess

2

2.1 Was meint Coaching?

Coaching ist (hier) als ein auf den beruflichen Leistungsprozess von Personen, Teams und Organisationen bezogenes Format der Beratung *(professional coaching)* verstanden. In Organisationen wird Coaching mit unterschiedlichen Rollen ausgeübt, sei es als explizite Beratungsaufgabe, sei es als Teil von Führung und Ausbildung. Ziel ist eine signifikante Verbesserung der Steuerung von Entscheidungen und Erfolgen (Handlungssteuerung). Menschen nutzen Coaching, weil und insofern sie *etwas erreichen* wollen, und sei es, zunächst einmal zu klären, was es genau ist, was sie umtreibt und was sie ändern, verbessern wollen. Wichtige Themen sind persönliche Verhaltensänderungen, der Umgang mit Krisen und Konflikten, wirkungsvolle Kommunikation und Rollengestaltung, persönliche und organisationale Veränderungen, strategische Positionierung und Entwicklung, Werte und Sinngebung.[1]

Im Unterschied zur Expertenberatung steht nicht die Lieferung von Wissen im Mittelpunkt, sondern die Verbesserung der Selbststeuerung der Coachees. Die zentrale Kompetenz der coachenden Person[2] bzw. des Coachs ist die Kenntnis der Bedeutung, der Funktionsweisen und der Methoden, um die Selbststeuerung zu unterstützen und zu verbessern. Ein gewisses Knowhow im Praxisfeld seiner Coachees ist allerdings notwendig und nützlich, um Risiken zu erkennen und

---

[1]Vgl. weiter zu einem einführenden Verständnis von Coaching meinen Radiovortrag (Loebbert 2015).

[2]Coaching wie Beratung wird als Tätigkeit gefasst, die in unterschiedlichen organisationalen Rollen von unterschiedlichen Personen ausgeübt werden kann. Coach und coachende Person verwende ich gleichbedeutend als Bezeichnung der Rolle.

© Springer Fachmedien Wiesbaden GmbH, ein Teil von Springer Nature 2019
M. Loebbert, *Coaching in der Personal- und Organisationsentwicklung,*
essentials, https://doi.org/10.1007/978-3-658-23731-8_2

gegebenenfalls auch das Wissen des Klienten in seinem Praxisfeld (Loebbert 2014) zu ergänzen. Im beruflichen Feld allgemein geht es um berufliche Entwicklung und Veränderung, grundlegende Kenntnisse von Führung und Organisation, spezifisches Wissen über berufliche und organisationale Herausforderungen (Arbeits- und Organisationspsychologie, Führungs- und Organisationstheorie). In einem konkreten Coaching wird der Frage Gewicht gegeben, wie viel und welche Analyse nützlich sein kann. Die klassische Tätigkeit von Expertenberatung, Analysen und Diagnosen zu erstellen, darf an (andere) Fachleute gegeben werden. Coaching sagt nicht, wie es geht, sondern unterstützt Klientinnen dabei, es selbst herauszufinden und umzusetzen.

Merkmal des pragmatischen Coaching-Verständnisses ist die Transdisziplinarität von Theorien, Ansätzen und Schulen. Leitend ist eine beraterische Handlungstheorie, wie die Prozesssteuerung der Beratungsperson der Klientin eine Innovation und Verbesserung ihrer Selbststeuerung ermöglichen kann (vgl. unten Abb. 2.1: Prozesssteuerung im Coaching). Grundlage ist eine (systemische) Haltung der Wertschätzung, Ressourcenorientierung und Lösungsorientierung, die einen souveränen Umgang mit unterschiedlichen Ansätzen und Handlungsfeldern einschließt.

⊙ Die Phasen bilden eine systematische Abfolge.

⊙ Der Wechsel verläuft oft auch nicht linear.

⊙ Innerhalb einer Sitzung und in einem längeren Prozess braucht es alle Phasen.

⊙ Die Phasen der Beratungssteuerung und die Phasen des Klientenprozesses sind parallel miteinander verbunden.

Abb. 2.1 Prozesssteuerung im Coaching

2.2 Coaching-Phasen

Ein Phasenmodell (Abb. 2.1) leitet die coachende Person bei der Steuerung ihres Coaching-Handelns. Die Phasen sind in einem systematischen Prozess miteinander verbunden. Für Coaching beschreibt dieses Modell den roten Faden. Darin steht Coaching zunächst selbst für die Behauptung, dass wir Menschen unser Handeln tatsächlich steuern und verändern können; sonst bräuchte es kein Coaching. Wir machen Fehler. Wir können unseren Handlungserfolg selbst gestalten oder zumindest beeinflussen. Die Qualität unserer Selbststeuerung macht einen Unterschied. – Gute und weniger gute Coaches unterscheiden sich in der Qualität, *wie* sie Coaching-Prozesse steuern. Erfahrene und ausgebildete Coaches können das in der Regel besser als Novizinnen. Stark fachlich geprägte Menschen erliegen leicht der Verführung, (nur) Rezepte und Anweisungen zu liefern. Darin kann man erkennen, ob Coaching tatsächlich einen Beitrag zur Verbesserung der Selbststeuerung (vgl. unten *Innovation*) liefern kann oder ob mit Tipps und Ratschlägen nur Wasser auf die Mühlen der bestehenden bzw. veralteten Handlungsmuster geleitet wird.

Da Coaches tunlichst nicht an ihren Klienten „herumschrauben" sollten, haben sie als Variable nichts anderes als sich selbst sowie ihre Gestaltung und Steuerung des Coaching-Prozesses. Der Prozess der coachenden Person und derjenige der Klientin, der Coachee, sind darin als Interaktion aufeinander bezogen. Jeder Schritt im Coaching ist unmittelbar mit einem Ergebnis verbunden. – Die Phasen sind nicht nur diachron (aufeinander folgend), sondern auch synchron (gleichzeitig ablaufend). Systematisch gesehen ist jeder Prozessschritt Erfolgsbedingung (Loebbert 2018a) für den nächsten: Ohne Kontakt kein haltbarer Kontrakt. Ohne Kontrakt keine zum Anliegen des Klienten passende Hypothese. Ohne die Vorstellung eines Nutzens für die Klientin (Hypothese) keine für das Anliegen der Klientin wirksame Hypothese. Ohne Intervention, keine Evaluation als subjektive Bewertung des Erreichten für das Anliegen des Coachees in seiner wirklichen Welt.

Jeder Prozessschritt im Coaching ist unmittelbar mit einem Ergebnis für die/den Coachee verbunden:

- Der **Kontakt** mündet in den positiven Aufbau einer Coaching-Beziehung. Die Klientin fasst Vertrauen in die Fähigkeit des Coachs, zu ihrer eigenen Verbesserung und Entwicklung, zum Handlungserfolg in ihrem Anliegen beizutragen. Ohne eine tragfähige Beziehung geht gar nichts weiter.

- **Kontrakt.** Eine Arbeitsbeziehung wird vereinbart. Es geht um Coaching, um Prozessberatung, die Unterstützung des Klienten in seiner Selbststeuerung. Meistens zeigt sich das Vorhandensein eines Kontrakts darin, dass der Kunde bereit ist, ein Honorar zu bezahlen. „Was wollen Sie erreicht haben, wenn dieses Coaching für Sie maximal erfolgreich gewesen sein würde?" Es geht um das Erreichen von Zielen. Im Geschäftskontext (intern oder extern) ist es oft sinnvoll, tatsächlich einen Vertrag zu schließen oder zumindest ein Angebot zu erstellen, das dann Grundlage für die Zusammenarbeit ist.
- Die **Hypothesenbildung** kann explizit zusammen mit dem Klienten erfolgen oder wird auch vom Coach im Sinne einer *Diagnose* allein verantwortet. Dafür können auch klassische psychologische Tests eingesetzt werden. Für den Klienten bedeutet das eine genügende Erkundung seines Handlungsraums (Exploration). Oft bringt schon diese Intervention neue hilfreiche Sichtweisen hervor.
- **Interventionen.** Jede Handlung des Coachs ist Intervention, d. h. mit der Absicht verbunden, ein *Angebot* – aus systemischer Sicht sind Interventionen Angebote – zu machen, das zur Verbesserung der Selbststeuerung des Coachees beiträgt. Explizit sind an dieser Stelle der Prozesssteuerung *Interventionen* gemeint, welche eine wirkliche *Innovation,* eine Erneuerung des Handlungsmusters des Klienten ermöglichen.
- **Evaluation.** Die Ergebnisse des Coachings liegen oft außerhalb der Beratungssituation. Für die Steuerung und den Ressourceneinsatz von Beratung entwickeln Coach und Klientin ein gemeinsames Verständnis von den möglichen und wirklichen positiven Resultaten für die Klientin. „Wenn Sie an den Anfang unseres Gesprächs zurückschauen, auf Ihre Ziele, die Sie formuliert haben, wie gut auf einer Skala von 1 bis 10 konnten Sie diese erreichen?"

Insgesamt sind diese Phasen in der Steuerung von coachenden Personen in ihrer Interaktion mit Klienten heute so weit erforscht,[3] dass qualifizierte Coaches ihre Interventionen wissenschaftlich begründen können *(evidence based)*. Insbesondere Konzepte und die empirische Forschung aus der Handlungspsychologie und Organisationssoziologie können dafür herangezogen werden.

---

[3]Vgl. z. B. die jüngste Untersuchung von Terblanche (2018) zu einer *grounded theory* des Coaching-Prozesses.

Coaching-Forschung selbst beschreibt Wirkfaktoren und Prozesssteuerung erfolgreicher Coaching-Prozesse (Loebbert 2018b) – Coaches sind wissenschaftlich informiert. Sie können ihre Konzepte und Begründungszusammenhänge darstellen. Wissenschaftliche Begründung und Referenz sind Voraussetzung für die im Coaching jederzeit angestrebte Augenhöhe von Coach und Coachee innerhalb der Grenzen argumentierender Vernunft. Darin unterscheidet sich Coaching von esoterischen Vorstellungen, die sich an hermetischen und meist exklusiven Konzepten von Beratungspersonen orientieren.

▶ **Aufgabe:** Was bedeutet das Konzept der Prozesssteuerung für den Einsatz von Coaching als PE und OE? Was sind aus Ihrer Sicht die Erfolgsbedingungen für den Einsatz von Coaching?

Management von Coaching als Personal- und Organisationsentwicklung

3

Organisation wird als *Organisation der Zusammenarbeit* von Personen für eine gemeinsame Aufgabe und Leistung verstanden. Management steuert den Rahmen, wie Ziele, die Aufgabenteilung, die Organisation der Organisation etc. Coaching ist selbst eine Form der Zusammenarbeit (Interaktion) in Organisationen, sei es gegebenenfalls auch mit externen Coaches, die in der Vorstellung einer Wirkungskette steht (vgl. oben Abb. 1.1: Wirkungsmodell).

Die manageriale Steuerung von Coaching als PE und OE folgt und sichert aus dieser Perspektive den Rahmen von einzelnen Coaching-Prozessen, sei es als externe/interne Dienstleistung und/oder auch als Führungsinterventionen wie Coaching im Rahmen von Führungsrollen. Sie fungiert als Rahmen und Parallelprozess für die einzelnen Coaching-Prozesse. Die Phasen können entsprechend folgendermaßen dargestellt und gesteuert werden (vgl. Abb. 3.1: Steuerung von Coaching in Organisationen):

1. Nachfrage unterstützen und entwickeln
2. Coaching mit Strategie und Kultur verbinden
3. das Design für Coaching entwerfen und steuern
4. Coaching in der Organisation umsetzen, einführen und am Laufen halten
5. Einsatz von Coaching evaluieren und Verbesserungen einspeisen

Mit der Aufstellung eines Wertschöpfungskalküls (vgl. z. B. Neesham und Plermo 2016) verbindet das Management von Coaching in Organisationen die Handlungslogik von Personen mit der Handlungslogik der Organisation: *In wirtschaftlich erfolgreichen Organisationen arbeiten erfolgreiche Personen zusammen.*

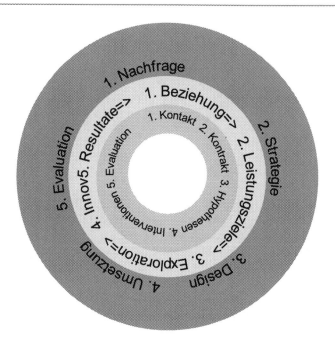

Abb. 3.1 Steuerung von Coaching in Organisationen

3.1 Nachfrage für Coaching entwickeln

Viele Organisationen und Unternehmen arbeiten heute (2018) weltweit daran, Coaching als Handlungsform von Beratung und/oder auch von Führung einzuführen und weiter zu entwickeln. Zunehmend individualisierte wie digitalisierte Leistungsprozesse verändern die Herausforderungen an Selbststeuerung und Selbstverantwortung bei allen Mitarbeitenden. Kurz gesagt: Als Mitarbeitender, in welcher Rolle auch immer, bekomme ich zunehmend weniger Anweisungen und Befehle; ich *muss* mein Handeln selbst steuern, um internen und externen Kunden gerecht zu werden. Zusammen mit meinen Kolleginnen und Kollegen *muss* ich unsere Zusammenarbeit immer wieder neu selbst organisieren, um erfolgreich meine und unsere Wertbeiträge zu realisieren.

Ein theoretisches Konzept dafür ist die Vorstellung wachsender *Komplexität*[1] moderner Arbeitsprozesse: von der Arbeitskette und Linienorganisation über die Stab-Linie und die Matrix bis zum festen Netzwerk und offenen Cluster (Abb. 3.2). Auf der X-Achse sind die Herausforderung wachsender Individualisierung und damit der Varietät (Vielfältigkeit) von Produkten und Leistungen notiert, auf der Y-Achse das Wachsen von Veränderungen an Zahl und Geschwindigkeit, viele Veränderungen in kurzer Zeit (Volatilität). Die Digitalisierung erhöht durch die wachsende Dichte und Schnelligkeit des informationellen Austausches die Varietät der Produkte und Leistungen und die Volatilität von Nachfrage und Nutzung. Hohe Komplexität bedeutet damit zugleich hohe Mehrdeutigkeit und Unsicherheit (VUCA: *volatility, uncertainty, complexity, ambigity*[2]).

Personen, die in *komplexen Organisationskontexten* ihre Leistung erbringen, werden zunehmend zu sozialen Architekten und Sinngestalterinnen der Organisation ihrer Zusammenarbeit. Neue Organisationskonzepte wie z. B. *agile Organisation*[3] versuchen das zu beschreiben. Vorstellungen wie z. B., dass eine Organisation immer eine bestimmte Form der Hierarchie braucht, um zu funktionieren, oder dass komplizierte Regelwerke benötigt werden, um in komplexen Umgebungen erfolgreich zu sein, erweisen sich als veraltet bzw. für hochkomplexe Leistungskontexte sogar als dysfunktional. Organisation wird *funktional,* d. h. von ihrer Funktion her, konzipiert: *Gute Organisation ist, was für bestimmte Herausforderungen und Leistungen am besten funktioniert.* Das ist die wirkliche Veränderung im Verhältnis von Personen und Organisationen: Welche formale Struktur wir unserer Zusammenarbeit auch immer geben, sei es stark hierarchisch oder die Form offener Netzwerke, *Menschen in Organisationen müssen wählen,* welche Form ihrer Zusammenarbeit in Bezug auf ihre Leistungsprozesse am besten geeignet ist, um als Organisation erfolgreich zu sein.

Diese Herausforderungen spüren Menschen in unterschiedlichen Branchen, auf unterschiedlichen hierarchischen Ebenen, in unterschiedlichen Organisationen unterschiedlich stark. Coaches sind dabei vielleicht zunächst Hilfe und

---

[1]Vgl. zu den hier und im Folgenden gebrauchten systemtheoretischen Konzepten zur Beschreibung von Organisationen wie *Komplexität,* organisationale *Kopplung, Passung, Design, Selbststeuerung* und *Emergenz* die Einführung in Systemtheorie und Konstruktivismus von Simon (2009).

[2]Das VUCA Konzept stammt aus der Führungsforschung. Es verbindet organisationale und psychologische Merkmale.

[3]Vgl. unten Kap. 5.

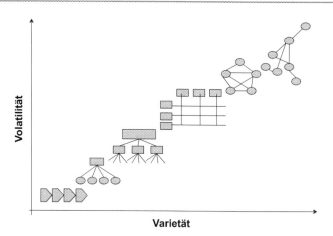

Abb. 3.2 Komplexität und formale Organisation. (vgl. Boos und Mitterer 2014, S. 74)

Ressource für die Bewältigung von Krisen und wahrgenommenen Defiziten. Mit dem Verschwinden von Hierarchien und der Linienorganisation wird Coaching zur unentbehrlichen Leistung für die ständige Entwicklung und Bereitstellung von Selbststeuerung. Erst mit der Einführung eines Gegenübers für die eigene Handlungssteuerung werden *Innovationen* als Veränderung bisher vielleicht bewährter Handlungsmuster möglich,[4] mit denen Personen den Herausforderungen komplexer Kontexte gerecht werden können.

Für ein pragmatisches Verständnis von Coaching ist das zugleich Herausforderung und Anknüpfungspunkt, wie Coaching in Organisationen eingeführt und geführt werden kann. Moderne Organisationen brauchen (mehr) Coaching für die unmittelbare Selbststeuerung der Zusammenarbeit, sei es in expliziten internen und externen Coaching-Mandaten, sei es mit coachenden Führungskräften und internen Coaching-Systemen.

▷▷ **Aufgabe:** Was sind Herausforderungen, Anliegen, Fragestellungen, für die sich Coaching nach der jetzt erreichten Sicht in Ihrer Organisation besonders eignen und lohnen würde?

---

[4]Vgl. oben Kap. 2.

▷ **Aufgabe:** Was sind vor diesem Hintergrund Ihre Argumente, Coaching in Ihrer Organisation einzuführen und zu nutzen? Formulieren Sie einen business case, ein Argumentarium, für Ihre Kolleginnen mit Verantwortung für PE und OE.

So kommt Coaching in die Organisation: Parallel zum Kontaktangebot von coachenden Personen und der Bereitschaft von Menschen in Organisationen, sich darauf einzulassen, entsteht eine erste Nachfrage. In der Regel geschieht dieser Schritt eher *emergent* als angeordnet – das passt ja auch zu Coaching. Die Herausforderungen für mehr Selbststeuerung werden von Personen wahrgenommen, die an die Grenzen herkömmlicher Regeln und Vorgehensweisen stoßen. Ausbrennen, Leistungsabfall, Demotivation, destruktive Konflikte, schlechte Kommunikation sind die Anzeichen dafür. Eine erste Bekanntschaft mit Coaching wird geschlossen. Die guten Erfahrungen werden weitererzählt, weitere Nachfrage entsteht. Und natürlich können Sie auch ein wenig die Nachfrage stimulieren, z. B. einen „Coaching-Apostel" dazu einladen.

▷ Unterstützen und erzeugen Sie die Nachfrage – erst unterstützen!

3.2   Coaching mit Strategie und Kultur verbinden

Manche Organisationen und Unternehmen tun sich schwer, Coaching als Arbeitsform der PE und OE einzuführen und weiterzuentwickeln. Andere haben vom Coaching auch wieder Abstand genommen: zu wenig Nachfrage. Führungskräfte wollen lieber selbst coachen. Coaching-Pools entwickeln ein unerwünschtes Eigenleben und werden als subversiv wahrgenommen. Coaching wird zur Privatsache erklärt. Coaching ist nicht wirksam genug. Dabei wird oft „vergessen", Coaching im organisationalen Kontext strategisch anzukoppeln (vgl. Bresser 2016a): In welchem Zusammenhang stehen einzelne Coaching-Prozesse in der Führung, in der individuellen Zielerreichung, im Projektmanagement, in einer konkreten Dienstleistung, mit der Strategie der Organisation oder des Unternehmens, erfolgreich seine Leistungen zu erbringen? Warum soll überhaupt mit Coaching gearbeitet werden? Wie unterstützt die Einführung von Coaching, die Verwirklichung von Coaching-Programmen und -Systemen die **Strategie des Unternehmens?** Was wollen wir mit dem Einsatz von Coaching erreichen?

Der kulturelle Kontext: Welche kulturellen Werte sind uns beim Coaching wichtig? Welche weiteren kulturellen Merkmale wollen wir mit Coaching in unserer Organisation (strategisch) befördern?

Abb. 3.3 Coaching im strategischen und kulturellen Kontext

Ohne die Verbindung mit dem strategischen und kulturellen Kontext (vgl. Abb. 3.3) kann Coaching nicht nachhaltig eingeführt werden: Passung und Auswahl von Coaches bleiben zufällig. Wir wissen nicht, wer warum zu uns passt. Coaching kann eine dysfunktionale Eigendynamik entwickeln, wie z. B. wenn an den Defiziten statt an der Leistung angesetzt wird. Zufriedenheitsmessung ersetzt Evaluation. Befindlichkeiten statt Wertbeiträge. Coaching wird nicht weiterentwickelt. Vermeiden von Misserfolgen und Lernen. Coaching wird misstraut oder überschätzt. Machterhalt statt Augenhöhe. – Das ist schade. Die meisten Erfahrungen und empirischen Untersuchungen zeigen, dass sich Investitionen in Coaching, wenn es richtig eingesetzt wird, lohnen.

Managementverantwortliche für Coaching und für die Einführung von Coaching haben damit die Verbindung von Coaching mit den Zielen, der Strategie und Kultur der Organisation auf ihrer Agenda. Allgemeine und konkrete Zielsetzungen im Coaching werden an die Ziele der Organisation geknüpft. Die Nutzung und Einführung von Coaching wird mit Vorstellungen von kultureller Entwicklung verzahnt. So *koppelt* Coaching in Organisationen an die Kernaufgabe und Funktion der PE und OE.

3.3   Das Design entwerfen und steuern

Den Hypothesen der coachenden Person, was für ihre Coachees in Bezug auf deren Anliegen eine möglichst nützliche Intervention darstellen kann, entspricht aus Managementsicht die Frage, was für die Organisation von Coaching das im gegebenen Kontext effizienteste Design sein kann: Wie soll Coaching mit wem, mit welchen Zielen in der Organisation und wie abgestimmt auf andere Interventionen in der PE und OE, eingesetzt werden?

Bezugspunkt sind Konzepte des individuellen und des organisationalen Lernens bzw. von persönlicher und organisationaler Entwicklung. Chris Argyris und Donald Schön nennen diesen Zusammenhang *Designkausalität,* die Vorstellung

einer „Kausalbeziehung, die die Absicht des Handelnden mit der Handlung verbindet, die er entwirft, um diese Absicht zu realisieren" (Argyris und Schön 1999,
S. 54; Loebbert 2017, S. 144 ff.).

3.3.1   Der Regelkreis des Handlungslernens

Zentral für die Vorstellungen des organisationalen Lernens bzw. der lernenden
Organisation ist das *Konzept des Handlungslernens* (vgl. Abb. 3.4), das ist die
Verbindung von Lernen und Handeln. Coachees, seien es Einzelpersonen, Teams
oder Gruppen, beschreiben 1) ihre Herausforderungen, legen 2) ihre Ziele fest,
planen 3) Maßnahmen zur Umsetzung, machen 4) damit Erfahrungen in ihrer
Realität, organisieren 5) die Erfolgskontrolle, werten diese 6) aus und nehmen 7)
den nächsten Schritt in Angriff. – Wahrscheinlich kennen Sie ähnliche Beschrei-
bungen für Prozesse im Qualitäts- und Projektmanagement. Sie haben die glei-
che Wurzel. Im Design von Coaching-Prozessen sollten alle diese Prozessschritte
Platz finden. Umfangreichere Vorhaben, Anliegen und persönliche Projekte können darin eingegliedert und auf eine Zeitschiene gesetzt werden. Der Anfang und
das Ende eines Coachings wird durch das Vorhaben der Klientinnen bestimmt.

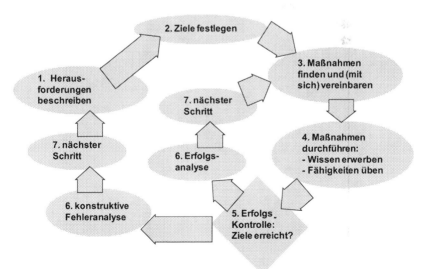

Abb. 3.4   Regelkreis des Handlungslernens

Coaching verbindet die unmittelbare Verbesserung des Handelns mit der Kompetenzentwicklung von Personen. Darin sind die unterschiedlichen Handlungslogiken, die unmittelbare Zielerreichung im Coaching und die Kompetenzentwicklung als PE als eine Art von Nebenwirkung miteinander verbunden. Coaching-Interventionen zielen auf den Erfolg des Handelns von Klienten. Klienten nutzen Coaching für die Verbesserung und Entwicklung ihres eigenen Handelns. Der Klient *lernt* dabei, *wie* er in seinem Handlungsanliegen erfolgreich(er) sein kann. Und das ist zudem noch die effizienteste Form der Organisation von individuellen Lernprozessen der Kompetenzentwicklung. In gewissem Unterschied zu anderen Entwicklungsmaßnahmen in Aus- und Weiterbildung, in denen es primär um das Erreichen von Lernzielen geht, steht Coaching in direktem Zusammenhang mit dem betrieblichen Leistungsprozess.

Daraus ergeben sich für das Design von Coaching-Prozessen in Organisationen zwei Blickwinkel: 1) das Design eines individuellen Coaching-Prozesses als Verantwortung der coachenden Person und 2) das organisationale Design als PE- und OE-Verantwortung.

3.3.2 Das Design einzelner Coaching-Prozesse

Das Handlungslernen des Klienten steht im Mittelpunkt des Designs eines individuellen Prozesses. Weiter für die Steuerung maßgebend ist das Konzepte der *Lernkurve* (vgl. Abb. 3.5). Fähigkeiten, die nicht im Lauf von 2 bis 4 Wochen wieder aufgefrischt werden, verfallen. Für die zeitliche Abstimmung eines Coaching-Prozesses, der mit einem übergreifenden Vorhaben und Anliegen von Coachees verbunden ist, sollte daher ein Abstand von 4 Wochen zwischen den einzelnen Treffen nicht überschritten werden.

Für Anliegen, die mit persönlicher Verhaltensänderung verbunden sind, sollte eine Begleitung von mindestens 6 Monaten ins Auge gefasst werden. So lange brauchen in der Regel Menschen, bis eine Änderung im Verhalten auch wirksam wird. Zugleich sollten die Abstände zwischen den Coaching-Gesprächen auch inhaltlich durch die darin möglichen Aktivitäten (Regelkreis des Handlungslernens, vgl. 3.3.1 und Abb. 3.4) gefüllt sein, sodass sich für das Design eines Coaching-Prozesses grob folgendes Design (vgl. Abb. 3.6) ergibt.

Die Steuerung und damit auch die Verantwortung für das Design liegen bei der coachenden Person. *Das individuelle Design folgt dem Prozess des Handlungslernens des Klienten.* Dieser ist durch mindestens zwei Stellgrößen bestimmt: 1) die Möglichkeit und die Zeit des Klienten, mit den gewonnenen Innovationen und Erweiterungen seines Handlungsspielraums neue Erfahrungen zu machen,

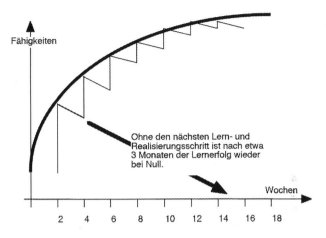

Abb. 3.5 Lernkurve für Fähigkeitslernen

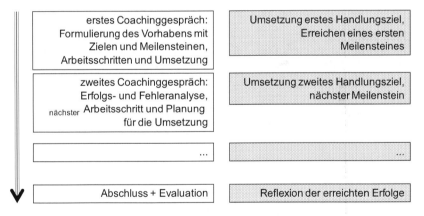

Abb. 3.6 Coaching-Prozess als Handlungslernen

und 2) durch den zeitlichen Rahmen seines Handlungsanliegens, sei es, eine Krise erfolgreich zu bestehen, einen beruflichen Entwicklungsschritt zu tun, sich an einer neuen Stelle zu positionieren oder in einem sportlichen Wettkampf als Gewinnerin vom Platz zu gehen. Und natürlich spielen auch die zeitlichen und räumlichen Möglichkeiten für die Gestaltung der konkreten Zusammenarbeit eine Rolle.

Mit einer ersten gemeinsamen Klärung und Kontraktierung der Ziele des Handlungsanliegens des Klienten werden mögliche Vorgehensweisen für das Design des Coaching-Prozesses entwickelt. Im geschäftlichen Kontext sind sie die Grundlage für eine Angebotserstellung.

3.3.3 Formate und Settings für Coaching-Prozesse

Mit der Bestimmung eines zeitlichen Rahmens und der Frequenz von Coaching-Schritten sind auch die Arten der Anliegen gerahmt, die in diesem *Setting* erarbeitet werden können. – Das Setting bezeichnet die äußeren Umstände, Raum und Zeit der konkreten Coaching-Sequenzen, Einzel-, Gruppen- oder Teamcoaching sowie den Einsatz von Medien wie Telefon und Internet (siehe im nächsten Abschn. 3.3.4). Aus der hier entwickelten Perspektive der Designkausalität ist die Gestaltung des Settings ein wichtiger Teil des Designs und damit gestaltete und gestaltbare Intervention.

Coaching-Prozesse in Organisationen werden heute durch eine Vielzahl von Formaten und Settings gestaltet. Das klassische Eins-zu-eins-Präsenzcoaching wird in der Praxis variiert und erweitert und teilweise sogar abgelöst.

Einzelcoaching bewährt sich bei persönlichen konkreten Anliegen. Eine Neupositionierung, die berufliche Entwicklung, eine persönliche Verhaltensänderung, die Bewährung in Konfliktsituationen oder der Umgang mit Belastungen sind die häufigsten Themen.

Gruppencoaching wird in Organisationen immer mehr genutzt. Insbesondere im Kontext von Programmen (vgl. unten Abschn. 3.3.5) ist es dem Einzelsetting überlegen, da zugleich eine gemeinsame Sprache ausgeprägt und Erfahrungen geteilt werden. Zudem ist es in der Regel kostengünstiger. Es funktioniert allerdings nur in Organisationen, die schon eine Kultur der Zusammenarbeit und gegenseitigen Wertschätzung ausgeprägt haben.[5]

Teamcoaching. Menschen in Organisationen arbeiten immer häufiger in Teams zusammen. Teams erweisen sich als die leistungsfähigsten handelnden Einheiten in Organisationen. Sie arbeiten projekt- und/oder aufgabenbezogen.

---

[5]In diesem Zusammenhang vermissen Leserinnen vielleicht das „Peer-Coaching" oder „kollegiales Coaching". – Solange darunter verstanden wird, Personen ohne entsprechende Coaching-Kompetenzen, gegebenenfalls mit einer kleinen Handlungsanweisung, in einer Gruppe zusammenzubringen, hat das nur wenig mit Coaching zu tun. Ich kenne keinen Fall, wo das über einen Erfahrungsaustausch hinaus zu weiteren Ergebnissen geführt hätte. In der Regel sind mit übersteigerten Erwartungen Enttäuschungen vorprogrammiert.

Teamcoaching bezieht sich auf die Selbststeuerung der Arbeitsfähigkeit in Teams in Bezug auf die gemeinsame Aufgabe. Aufgabenteilung, Rollen, gruppendynamische Prozesse, Projektsteuerung oder Stakeholder-Management sind oft die Themen. Teamcoaching hat seinen größten Wirkungsgrad am Anfang einer Teambildung und in schwierigen konflikthaften Situationen, wenn es darum geht, schnell eine optimale Leistung zu erreichen und zu erhalten.

Blended Coaching und Digital Coaching. Spätestens mit dem Einzug digitaler Medien können Standardabläufe im Coaching aus der Ferne (engl.: *remote*) oder gar zeitversetzt gesteuert werden. Was früher schon in recht guter Qualität am Telefon möglich war, wird heute zusätzlich mit virtuellen Arbeitsräumen unterstützt. Dabei bleibt allerdings die Coaching-Beziehung (vgl. oben Kontaktphase) der eigentliche Motor der Veränderung des Coachees. Programmiertes bzw. technisch simuliertes Vorgehen kann das nicht ersetzen. Coaching-Prozesse sind nur begrenzt skalierbar, z. B. in einer Einstiegssequenz der Zielklärung. Die individuelle Prozesssteuerung der coachenden Person, die Interaktion von wirklichen Menschen, ist und bleibt der wichtigste Erfolgsfaktor (vgl. Loebbert 2018b, S. 206 ff.) für Coaching auch in einer digitalen Welt – jedenfalls solange es um Selbststeuerung und Selbstbestimmung geht.

3.3.4 Organisationales Design

Das Design des einzelnen Prozesses liegt letztlich in der Verantwortung der coachenden Person als Teil ihrer Steuerung. Sie ist dafür verantwortlich, mit einem möglichst passenden Design ihre Coachees bei der Verwirklichung ihrer Vorhaben (und Vorgaben) zu unterstützen. Aufgabe der internen Coaching-Verantwortlichen für PE und OE ist innerhalb ihrer Auftragsverantwortung, 1) das Design mit den coachenden Personen, auch kritisch, zu diskutieren und 2) im Vergleich mit vielleicht sehr unterschiedlichen Designmöglichkeiten für bestimmte Anlässe und Themen interne Standards zu formulieren, um gegebenenfalls die Auftragsverantwortung zu entlasten. Beispiele für in der Praxis bewährte Designs sind

- für das Coaching von neuen Führungskräften 5 mal 1,5 Stunden in den ersten 100 Tagen,
- die Standarddesigns für Teamcoaching (vgl. das Beispiel in Abb. 3.7),
- für das Coaching im Kontext Leadership-Development 30 % der Gesamtinvestitionen,
- für das Coaching für Verhaltensänderung 10 mal in 6 Monaten,

Abb. 3.7 Beispiel für organisationales Design

- für das Teamcoaching 5 Anlässe mit einem Teamtag zum Einstieg,
- für das Kurzzeitcoaching 2 Stunden bei kritischen Ereignissen (ein Anliegen jetzt), etc.

Weitere Anfragen zielen auf die Nutzung von *digitalen Medien* wie Telefon und virtuellen Coaching-Plattformen. Diese haben sich insbesondere für Kurzzeitformate bewährt. *Blended Designs* in der Kombination von Remote- und Präsenzcoaching sind in größeren Organisationen Standard.

Von der zeitlichen Dimension des Designs, dem *horizontalen Design,* kann aus organisationaler Sicht noch eine zweite Dimension im systematischen Einbezug der Beteiligten in einen gemeinsamen Lernprozess unterschieden werden: das *vertikale Design.* Das Lernen von Personen wird darin organisational gefasst. Die Anspruchsgruppen (engl.: *stakeholders*) für den Coaching-Prozess werden einbezogen. Das Lernen von Personen ist immer mit dem Lernen in Organisationen verbunden. Fortschritt und Inhalt von persönlichen und gemeinsamen organisationalen Lernprozessen begrenzen und befruchten einander. In organisationalen Kontexten für Coaching mit unterscheidbaren Auftraggebern und Klienten mit ihren verschiedenen Interessen kommt der *systematische Einbezug der Beteiligten in einen gemeinsamen Lernprozess (OE, organisationales Lernen) als eine weitere Stellgröße* hinzu.

Der Vorschlag und das Angebot eines Designs (wie in Abb. 3.7) für den Coaching-Prozesses ist selbst eine Intervention und setzt eine Vorstellung der Steuerung und des Zusammenhangs von Interventionen und Handeln des Klienten voraus. Die Verantwortung und Rolle des Coachs ist es, den Coaching-Prozess im einzelnen Coaching-Treffen zu steuern und auch das Prozessdesign für den Gesamtprozess zu führen. Die Prozessphasen für ein einzelnes Coaching-Treffen sind dabei die gleichen wie für einen umfangreicheren Coaching-Prozess, sei es mit Einzelpersonen, Gruppen oder Teams. Das *Design als Intervention* ist mit den Erfolgsbedingungen für gelingendes Coaching verbunden: *Kontakt* in der Gestaltung der Arbeitsbeziehung, *Kontrakt* über Arbeitsziele von einzelnen Sequenzen und des Coaching-Prozesses insgesamt, *Hypothesen,* mit welchen Absichten dieses Design vorgeschlagen wird, *Interventionen,* wer wie mit einbezogen wird, und schließlich die systematische *Evaluation* für den Coach und für den Klienten.

Organisationales Design für Coaching dient der spezifischen *Kopplung* von individuellen und organisationalen Prozessen. Das ist wahrscheinlich eine Erfolgsbedingung für eine nachhaltige Einführung und Steuerung von Coaching in PE und OE. Stellgrößen sind Zielsetzungen, Fragestellungen und die organisationale Entwicklungsstufe des Coachings (vgl. unten Kap. 4).

3.3.5 Coaching-Programme

Ein Programm ist das Ineinandergreifen verschiedener Maßnahmen und Arbeitsformen, die einem gemeinsamen Ziel dienen. In Programmen der PE und OE bekommt dabei der Einsatz von Coaching einen immer größeren Stellenwert (vgl. Kets de Vries 2013). Coaching-Programme dienen der Führungsentwicklung, dem betrieblichen Gesundheitsmanagement oder der Team- und Projektentwicklung (vgl. Bresser 2016b). Coaching lässt sich mit Trainingsformen (z. B. Führung oder Verkauf) und Formaten der OE wie Kundenkonferenzen, Großgruppen, Strategie- und Visionsentwicklung gut kombinieren.

Innerhalb der Programmlogik von PE kann Coaching durchaus auch mit detaillierten Erwartungen und Vorgaben verbunden werden.[6] PE entscheidet dann

---

[6]Siehe z. B. die Fallberichte in Stephan und Gross (2011).

aus ihrer eigenen Programmlogik, an welchen Stellen sie Coaching, gegebenenfalls sogar mit welchen Inhalten, einsetzen will. Abb. 3.8 zeigt ein Designbeispiel
aus einem größeren Unternehmen mit mehreren Führungsebenen.

Eine weitere ergänzende Möglichkeit der *organisationalen Kopplung* ist die
Einführung von *Supervision und Intervision* für die beteiligten coachenden Personen (vgl. Loebbert 2016, S. 37 ff.): Gemeinsame Fragen und Themen können in
die Organisation zurückgegeben werden, eine gemeinsame Sprache für Coaching
in der Organisation wird entwickelt. Damit ist die Entscheidung und Investition
verbunden, einen Teil des Qualitätsmanagements und der Evaluation (siehe unten
Abschn. 3.5) für Coaching intern zu organisieren. Coaches (Coaching-Pools,
siehe unten Abschn. 4.2) dürfen auch verpflichtet werden, daran teilzunehmen.
Supervision und Intervision werden zum integralen Baustein des organisationalen
Designs. Die organisationale Kopplung und Zielführung insbesondere umfängli-
cherer Programme können so besser gesichert werden.

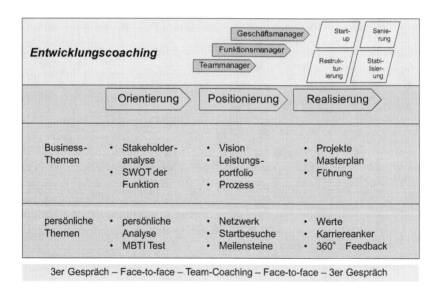

Abb. 3.8 Coaching in einem Führungsentwicklungsprogramm

3.3.6 Interne oder/und externe Coaches

Ein kleines Argumentarium für die Wahl interner oder externer Coaches ist in der folgenden Abb. 3.9 aufgestellt.

Externe Coaches verfügen meist über eine vertiefte Professionalität und Bandbreite von Interventionsmöglichkeiten, da sie in der Regel ein größeres Pensum für das Coaching einsetzen und in unterschiedlichen Kontexten Erfahrungen haben. Von den Gesamtkosten unterscheiden sich allerdings interne und externe Lösungen kaum. Was für externe Coaches an Tagessätzen anfällt, darin inbegriffen sind das Qualitätsmanagement und die Transaktionen für Kommunikation, sind für interne Lösungen Kosten für Ausbildung, Intervision, Kommunikation und Management.

Insbesondere für Coaching-Systeme und -Programme empfiehlt sich eine wohlüberlegte Kombination von externen und internen Leistungen. Externe sichern professionelle Standards und Qualität, Interne verfügen über nützliche Feldkompetenz in der Organisation.

▷ **Aufgabe:** Bearbeiten Sie die Liste in der Abb. 3.10. Was sind Fragestellungen und Themen, die mit dem jeweiligen organisationalen Design intern oder extern am besten bearbeitbar sind?

Interne .... oder externe Coaches?	
• ... kennen das Feld und die Anspruchsgruppen	• ... bringen externe Perspektive und eigene Netzwerke ein
• ... stehen verbindlicher für die Zwecke der Organisation	• ... sind weniger politisch gebunden
• ... kosten in der Regel weniger	• ... haben oft die umfassendere Ausbildung
• ... sind oft flexibler und näher am operativen Prozess	• ... sind professionelle Dienstleister
• ... weniger glaubwürdig in ihrer Allparteilichkeit	• ... sind glaubwürdig durch professionelle Expertise
• ... haben noch andere organisationalen Prioritäten	• ... müssen auch „verkaufen"
• ... sind auch hierarchisch eingebunden: Macht und Rollen	• ... sind korrumpierbar durch Geld, Eitelkeit, Vertraulichkeit

Abb. 3.9 Interne *oder* externe Coaches

Interne ....und	
1. **Coaching durch HR- bzw. PE-** **Stabsstellen** 2. **Coaching durch interne** **Beraterinnen** 3. **Interner Coach-Pool quer zur** **Linie (Projekt!)** 4. **Coaching durch Vorgesetzte in** **der Linie** 5. **Kollegiales Coaching, Peer-** **Coaching mit ausgebildeten** **internen Fachpersonen** 6. **...**	1. **Externe Coaches mit** **Einzelaufträgen** 2. **Intern meist durch HR** **gemanagter externer Coach-** **Pool** 3. **Externer Coach-Pool für** **spezifische** **Entwicklungsprojekte** 4. **Externe Coaches und** **Supervisorinnen für intern** **coachende Personen** 5. **Externe Coaching-Firma mit** **organisationsweitem Rollout** **extern gemanagt** 6. **...**

Abb. 3.10 Interne *und* externe Coaches

Sobald Coaching sich in der Organisation weiter verbreitet und seine Werthaltungen gelebt werden (vgl. unten Abschn. 4.4 Coaching-Kultur), gibt es vielfältige Ansatzpunkte und Einsatzformen von Coaching mit internen und externen Coaches.[7] Diese werden dann oft nicht mehr zentral geplant oder gesteuert. Nützlich ist es aber, wenn die unterschiedlichen Initiativen voneinander wissen und miteinander Erfahrungen austauschen (organisationales Lernen), um den jeweils individuell passenden Mix zu finden.

▶   Managen und entwickeln Sie das organisationale Design aktiv! Bauen
    Sie genügend interne Kompetenz dafür auf!

3.4   Coaching einführen und implementieren

Coaching ist eine Innovation für PE und OE. Coaching ergänzt und macht traditionelle Herangehensweisen der Führungsentwicklung, Konfliktbearbeitung, Teamentwicklung, Laufbahnberatung, Projektberatung, Führung, Change-Management etc.

---

[7]Vgl. zum Verhältnis interner und externer Beratung überhaupt Scott und Barnes (2011).

wirksamer, indem das Gewicht und der Fokus vorrangig auf die *Selbststeuerung sozialer Systeme* gelegt wird. Wie und was genau den größten Mehrwert bringt, wird im Einzelfall, in der individuellen *Passung* an die Organisation entschieden. Diese Individualisierung ist die größte Stärke und zugleich eine gewisse Schwäche von Coaching, wenn es um die organisationale Implementierung geht. Letztlich setzt eine erfolgreiche Einführung die *unternehmerische Entscheidung* voraus, auf Autonomie und Selbststeuerung zu setzen.

> **Aufgabe:** Schauen Sie auf Ihre Organisation. Was sind aus Ihrer Sicht die erfolgversprechendsten Ansatzpunkte für die Einführung und/ oder Weiterentwicklung von Coaching? Wie würden Sie einsteigen? Wie würden Sie weiterentwickeln? Wer sollte mit einbezogen sein?

In Unternehmen, die Coaching einführen oder Coaching weiterentwickeln wollen (vgl. Abb. 3.11), gibt es unterschiedliche Vorstellungen über Ziele und Nutzen. Gemeinsam ist ihnen allerdings, dass die systematische Unterstützung von Menschen in der Verbesserung ihrer Selbststeuerung beim Erreichen ihrer individuellen Ziele ein Hebel für die Verwirklichung organisationaler Ziele ist. Ziele in der PE, in der Führungsentwicklung, in der Strategieumsetzung, im Change-Management, in Projekten etc. werden so leichter und nachhaltiger erreicht (vgl. Schiessler 2010). Forschung und praktische Erfahrung zeigen, dass Menschen erfolgreicher sind, ihre Ziele effizienter erreichen, wenn sie dabei Selbststeuerung und Selbstwirksamkeit erleben (auch im Team). Dafür ist Coaching gut. Und das ist auch für Unternehmen gut.

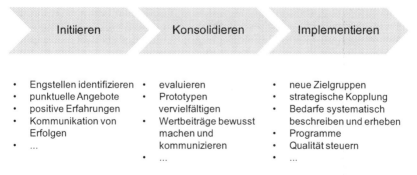

Abb. 3.11 Einführung von PE-Programmen und -Systemen

Die Verschwiegenheit der Coaches ist Pflicht und Erfolgsbedingung
Dabei kann ein Widerspruch oder auch ein Konflikt entstehen: Die Logik von
Coaching, Menschen individuell in ihrer Handlungssteuerung zu unterstützen, ist
nicht in jedem Fall mit den Wünschen, Zielen und Interessen des Unternehmens
deckungsgleich. Das kann die Beteiligten dazu verführen, Coaching für organisationale Zwecke zu instrumentalisieren. In der Realität ist Coaching damit infrage
gestellt. Die Investition rentiert sich nicht.
        Darum steht die coachende Person immer auf der Seite ihrer Coachees. Die
individuelle Logik hat Vorrang. Keine Information wird ohne Auftrag und Einwil-
ligung des Klienten weitergegeben.

Arbeiten Sie mit qualifizierten Coaches zusammen
Qualifizierte Coaches kennen die Organisationsdynamik, Konfliktfelder und
Fallstricke, an denen Coaching für das Unternehmen und auch für die Coachees
scheitern können. Sie kennen den Gesamtkontext und die individuellen Praxisfelder ihrer Klientinnen. Neben der Fähigkeit, einzelne Coaching-Prozesse zum
Erfolg zu führen, haben sie eine profunde Kompetenz für das Design, die strategische Kopplung und die Führung der organisationalen Leitplanken (z. B.: *Frei-
willigkeit* und *Bedingungskontext*). Darin unterscheiden sich „gute" von weniger
guten Coaches: Sie führen Coaching-Prozesse in komplexen Rahmenbedingungen erfolgreich.

Nutzen Sie die Eigendynamik von Coaching
Erfolg macht Spaß, und Menschen dabei zu unterstützen macht Freude. Das
strahlt aus und spricht sich rum. Darauf dürfen Sie vertrauen. – Die Einführung
von Coaching muss nicht zuerst von „oben" kommen oder schon in der Strategie
mindestens für PE vermittelt sein oder von allen Vorgesetzten verstanden worden
sein. Die Organisation muss keinen bestimmten kulturellen Reifegrad erreicht
haben. Mit Coaching können Sie überall anfangen, sei es als Verkaufscoaching,
als Projektcoaching oder auch als Defizitausgleich für Burn-out-Gefährdete.
Arbeiten Sie mit denen, die guten Willens sind.

Denken Sie in Coaching-Systemen
Die Einführung von Coaching ist kein „One-Night-Stand". Dann hätte Coaching
zwar stattgefunden, wäre aber schnell wieder von der Tagesordnung verschwun-
den. Coaching ist vielfältig: Coaching-Programm für Führungskräfte, Coaching
der Geschäftsleitung, Coaching in der und als Führung, Mentoring, kollegiales
Gruppen-Coaching, internes und externes Coaching. – Mit Coaching haben Sie
auf jeden Fall eine Kulturkarte gezogen. Und Coaching werden Sie nur nachhaltig

etablieren, wenn die Kultur (langsam) nachkommt. Dafür brauchen Sie Kompetenzen und Ressourcen für einen langen Atem.

Bleiben Sie auf dem Pfad der Nützlichkeit für Coaching-Klienten
Was von konkreten Coaching-Klienten, seien es Einzelpersonen, Gruppen oder Teams, nicht als nützlich erlebt wird, verschwindet von der Agenda. Damit sind zwei Aufgaben verbunden: 1) Klienten und ihre Anspruchsgruppen müssen den Nutzen wahrnehmen können und auch an den Nutzen immer wieder erinnert werden. 2) In der Steuerung von Coaching muss genau unterschieden werden, für welche Herausforderungen sich Coaching wirklich eignet und für welche nicht oder weniger.

Halten Sie selbst die Flughöhe von Coaching
Einführung von Coaching bedeutet, über Coaching zu sprechen und zugleich mit einem Coaching-*mindset,* mit einer Coaching-Haltung, zu handeln. Darin sind Sie selbst Vorbild, *change agent* und Referenz für die Glaubwürdigkeit von Coaching: Autonomie als Wert, Transparenz, Beteiligung der Beteiligten, ein deutliches Verständnis von Leistung, Wertschätzung und Disziplin, Augenmaß für das (politisch) Erreichbare, Handlungsspielräume finden und nutzen, Ressourcen- und Lösungsorientierung, Wirkungsbewusstsein und professionelle Fachlichkeit.

Evaluieren Sie
In der Steuerung eines Coaching-Prozesses unterstützt die Evaluation das nachhaltige Umsetzen von Resultaten. Es geht um Lernen und Entwicklung: Wenn ich nicht weiß, was erreicht worden ist, fehlt mir die Orientierung für die nächsten Schritte. Zufriedenheit ist ein Wegweiser, Return-on-investment-(ROI-)Modellrechnungen können hilfreich sein, der Einbezug der Anspruchsgruppen ist notwendig. Subjektive Daten sind die Vorläufer von objektiven Tatsachen. – Wir müssen nicht (mehr) beweisen, dass Coaching wirkt, sondern wie es im besonderen Fall am besten eingesetzt wird, damit es seine Wirkung entfaltet.

▶   Implementieren Sie Coaching als PE und OE strategisch!

3.5   Coaching organisational evaluieren

Die manageriale Evaluation (vgl. oben Abb. 3.1: Steuerung von Coaching in Organisationen den äußeren Kreis) ist nicht zu verwechseln mit der durch die coachende Person gesteuerten Evaluation im individuellen Coaching-Prozess (innerer Kreis). Dient Letztere der Sicherung und Entwicklung von Resultaten für Personen, also für die Coachees, dient Evaluation in der organisationalen Steuerung der Sicherung und Entwicklung von Resultaten für die Organisation – deshalb *organisationale* Evaluation.

Aus betriebswirtschaftlicher Sicht – was nicht gemessen wird, wird auch nicht umgesetzt – steht die Evaluation für den Leistungsausweis von Coaching in Organisationen. Aus lern- und entwicklungstheoretischer Sicht ist Evaluation der notwendige Schritt für eine nachhaltige Steuerung von personalen und organisationalen Lernprozessen.

> **Aufgabe:** Schauen Sie auf Ihre Organisation. Was sind aus Ihrer Sicht die erfolgsversprechendsten Ansatzpunkte für die Evaluation von Coaching? Wie würden Sie einsteigen? Wie würden Sie weiterentwickeln? Wer sollte mit einbezogen sein?

3.5.1 Der Evaluationsprozess

Organisationale Evaluation wird hier als eine systematische Abfolge von Schritten gefasst.[8] Der erreichte Stand von Coaching in Organisationen (siehe unten Kap. 4) ist der jeweilige Bezugspunkt, um zu bestimmen, in welchem Umfang und wie Evaluation gestaltet werden kann: Welchen Beitrag kann Evaluation zur Weiterentwicklung von Coaching in Organisationen leisten? Was kann der Wertbeitrag von Evaluation in Bezug auf den Aufwand und Nutzen sein. – Dabei gilt die Faustregel: Wenig Evaluation ist besser als keine und einfach ist besser als kompliziert.

Was soll genau der Gegenstand der Evaluation sein? – Ist es ein einzelner Coaching-Prozess, sind es mehrere mit einer gemeinsamen Aufgabenstellung? Ist es eine Programmarchitektur? Oder ein PE-Programm *(leadership development)* mit Coaching als einem Bestandteil? Ist es gegebenenfalls der Prozess der Einführung von Coaching selbst? Soll der Entwicklungsstand der Coaching-Kultur evaluiert werden?

Wer sind die Akteure und Anspruchsgruppen der Evaluation (stakeholder centered evaluation)? – Die direkten Auftraggeberinnen, die coachenden Personen und ihre Klientinnen, Geldgeberinnen, vielleicht politische Akteurinnen, Coaching-Unternehmen, beteiligte Forscherinnen … welche dieser Anspruchsgruppen haben

---

[8]Das ist hier allgemein und kurz nach Balzer und Beywl (2015) zusammengefasst.

den größten Einfluss auf das Gelingen Ihrer Coaching-Angebote und -Leistungen? –
In der Regel lohnt es sich, 4 bis maximal 5 Anspruchsgruppen einzubeziehen.
Welche Interessen und Zwecke verfolgen die Akteure und Anspruchsgruppen?
Wie kann darin der umfängliche Evaluationszweck formuliert werden? – Dieses
Feld ist nicht immer ganz konfliktfrei. In der Regel bestimmt letztlich der Auf-
traggeber, und sei er auch bloß vorgestellt, den Zweck der Evaluation: den Wertbeitrag und Nutzen besser beurteilen können, die nächsten Entwicklungsschritte
für das Coaching finden, Erfahrungen sichern und das Design weiterentwickeln,
interne und externe Auftragnehmer steuern, politischer Leistungsausweis etc.
Welche Bewertungskriterien sollen dafür festgelegt werden? Welche können
vielleicht sogar abgeleitet und in einen wissenschaftlich-theoretischen Kontext
gestellt werden? – Die Stichworte hierzu lauten: subjektive Zufriedenheit und
Nutzenwahrnehmung der Klienten, subjektive Bewertung der Zielerreichung
durch die coachenden Personen, Nutzenbewertung durch die Stakeholder, spezi-
fische Kriterien wie Krankheitstage, objektive Leistungssteigerung, Verkaufszah-
len, Projekterfolge …
Wie können die Daten erhoben werden? – Interviews bzw. Supervision mit
den Beteiligten, einzeln und/oder in Gruppen, kleine Fragebögen, E-Mail-
Abfragen – das sind die bekannten Erhebungsverfahren. Sie erzeugen zunächst
mehr oder weniger Aufmerksamkeit, geben in der Unterstützung mehr oder weniger Akzeptanz (positive Formulierungen), erreichen in den Rückmeldeschlaufen
eine mehr oder weniger aktive Auseinandersetzung mit dem Gegenstand.
Wie wird die Erhebung durchgeführt? – Wie kann die Kooperation und aktive
Mitwirkung der Anspruchsgruppen erreicht werden? Welche Informationen sollten gegeben werden? Wie wird die Vertraulichkeit für Coachees und coachende
Personen gewahrt? Wie soll mit Kritik umgegangen werden? Welche Aussage-
kraft hätte eine Pre-post-Messung?
Wie werden die Daten ausgewertet? – Wer soll die Daten auswerten? Bis in
welche Tiefe soll sozialwissenschaftliches Knowhow zum Einsatz kommen? Wie
sollen die Interessen der Anspruchsgruppen berücksichtigt werden? Wie können
Resümees und bilanzierende Sätze formuliert werden?
Wie und wem werden die Ergebnisse kommuniziert? – Welche Ziele werden mit
der Kommunikation verbunden? Was sollen die Zielgruppen im Anschluss über
Coaching in der Organisation denken? Was sollen sie fühlen? Was sollen sie tun?
Wie können die Ergebnisse weiter genutzt werden? – Was tragen sie bei zu
einer verbesserten organisationalen Prozesssteuerung? Welche nächsten Schritte
sind daraus ableitbar? …
Wie und wie viel Aufwand wird für die Evaluation der Evaluation benötigt
(Metaevaluation)? – Auch hier gelten die klassischen Kriterien wie Nützlichkeit,

Durchführbarkeit, Fairness und Genauigkeit. Entscheidend ist, dass diese Frage bzw. dieser Prozessschritt nicht vergessen wird.

Insofern gelten beim Coaching die gleichen Maßgaben für die Evaluation wie bei anderen PE- und OE-Maßnahmen: Nützlich ist, was im Rahmen der strategischen Steuerung auch zu Ergebnissen führt. Bei der Evaluation von Coaching ist allerdings insbesondere auf die Vertraulichkeit der einzelnen Coaching-Prozesse zu achten. Der Einsatz von Coaching erfolgt in unterschiedlichen und individuellen Rahmenbedingungen mit unterschiedlichen und individuellen Aufträgen. Entsprechend bestimmt das auch die konkrete Durchführung und Reichweite von Evaluation.

3.5.2   Formen der Evaluation von Coaching in der Personal- und Organisationsentwicklung

Beobachtung der Nachfrage
Ein einfaches und wichtiges Instrument der Evaluation von Coaching in der PE und OE ist die Beobachtung der Nachfrage: Wächst die Nachfrage, wie gewünscht? Welche subjektiven Motive nennen die Kunden? Was könnten Gründe sein, wenn es nicht so funktioniert wie angedacht?

Zufriedenheitsevaluation
Viele Coaches nutzen für ihre Evaluation von Coaching-Prozessen und auch einzelnen Coaching-Sitzungen Fragebögen, in denen sie ihre Vorstellungen über Erfolgsbedingungen und Wirkungen von Coaching von ihren Klienten einschätzen lassen. Evaluation evaluiert die *vorgefassten* Blickwinkel und Fragen. Diese sind abhängig von den Zielen und theoretischen Vorstellungen des Fragenden. Der Maßstab für gutes Coaching ist zunächst einmal ganz subjektiv und unterstützt den persönlichen Lernprozess des Coachs, seine eigenen Vorstellungen immer besser zu verwirklichen.

Diese sogenannten *happy sheets* können von PE- und OE-Verantwortlichen auch für die Gesamtsteuerung genutzt werden. Gemessen wird dann die Zahl der realisierten Weiterempfehlungen für bestimmte Coaches.[9] Das Kriterium hier ist: Qualität und Nützlichkeit des Coachings korreliert mit der Weiterempfehlung für Kolleginnen und Kollegen. Im Zweifel richtet sich das gegen die Zusammenarbeit mit bestimmten coachenden Personen. Verantwortung von coachenden Personen

---

[9]Vgl. Rettich (2013, S. 345): „Net-Promotor-Score".

ist es auch, eine positive subjektive Wahrnehmung des Coaching-Prozesses durch Klienten zu erzeugen. Das kann durch die Zufriedenheitsevaluation unterstützt werden. – In der Zusammenarbeit mit professionell arbeitenden internen und externen Coaches darf davon ausgegangen werden, dass diese die passende Zufriedenheit ihrer Klienten steuern können! Ziel der Zufriedenheitsevaluation aus organisationaler Sicht ist es, die Erfolgsgeschichten von Coaching in der Organisation weiterzuerzählen. (Vgl. oben „Beobachtung der Nachfrage".)

Inhaltliche Evaluation
Ziel-Evaluation. Gelang es, die vereinbarten Ziele zu erreichen? Woran kann die Zielerreichung festgestellt werden?

Prozess-Evaluation. Wie hat der Coachee den Verlauf des Coachings (Prozesssteuerung des Coachs) und die eingesetzten Methoden erlebt?

Output-Evaluation. Was hat sich im Verhalten des Klienten geändert? Welche Veränderungen nimmt der Coachee bei sich wahr, welche nehmen externe Personen wahr?

Outcome-Evaluation. Hat der Coachee Unterstützung für seine längerfristigen Ziele erhalten? Wie hat sich die Karriere des Coachees entwickelt? Ist der Bereich des Coachees erfolgreicher geworden (Umsatz, Verbesserung der Mitarbeiterzufriedenheit und des Betriebsklimas des eigenen Einflussbereichs)?

Betriebswirtschaftliche Evaluation
Aufwand–Nutzen, Input–Output. Welche Personen wurden gecoacht? Wie viele Coaching-Termine mit welcher Dauer haben stattgefunden? Wie hoch waren die Gesamtkosten (Honorare, Arbeitszeiten, Spesen)? Der Input (Kosten) wird zum wahrgenommenen Nutzen (Output) ins Verhältnis gesetzt. Das reicht von der wahrgenommenen Verhaltensänderung und der Verbesserung von Geschäftszahlen über den Rückgang von Kundenreklamationen und erfolgreiche Stellenbesetzung bis zur Verbesserung des subjektiven Wohlbefindens (Krankheitsfehltage). Betriebswirtschaftliche Modellrechnungen zum Return on Investment (ROI) können dabei unterstützen (Abb. 3.12).

Professionelle Evaluation durch Peers – Peer-Evaluation
Supervision und Videoanalyse mit Peers zielt zunächst unmittelbar auf die professionelle Qualität von Coaching im gegebenen organisationalen Kontext (organisationale Kontextualisierung) (vgl. Loebbert 2017, S. 150 f.). In Bezug auf die konkreten Anliegen, Fragestellungen, die strategische und kulturelle Einbettung werden die coachenden Personen in der Verbesserung ihrer Prozesssteuerung unterstützt. Die Arbeit mit Videoaufnahmen kann dafür nützlich sein. Supervision

Thema	Geschätzter Wert, der im Lauf des Jahres entstanden ist	Anteil, den das Coaching daran hat	Wahrscheinlichkeit für diesen Anteil	Wertbeitrag des Coachings
Steigerung der Teamleistung (Umsatz)	800 000 €	25% = 200 000 €	100 %	200 000 €
Verringerung des Krankenstandes	um 2% = 100 000 €	10 % = 10 000 €	50 %	5 000 €
			SUMME	205 000 €

Abb. 3.12 Beispiel für eine ROI-Tabelle. (nach Rettich 2013, S. 344)

als Evaluation koppelt unmittelbar an die Coaching-Prozesse in der Organisation. Insbesondere für interne Coaching-Leistungen bietet sie eine reichhaltige Quelle organisationalen Lernens über Linien und Führungsbereiche hinweg.

Sozialwissenschaftliche Evaluation
Allgemein ist mit Coaching in der PE und OE die Hypothese verbunden, dass sich damit die Selbststeuerung von Personen in der Organisation und damit die Leistungsfähigkeit von Personen und der Organisation in komplexen Kontexten verbessern lässt (vgl. oben Abschn. 3.1). Interessant sind auch Zusammenhänge von durchgeführten Coaching-Sequenzen und der Ausbildung von Merkmalen einer Coaching-Kultur oder der Ausbildung spezifischer Kompetenzen in der Führung und Zusammenarbeit.

Vor dem Hintergrund wissenschaftlich untersuchter Zusammenhänge von Wirkfaktoren und Ergebnissen im Coaching analysiert die *sozialwissenschaftliche Evaluation,* wie diese Daten in einem spezifischen organisationalen Einsatz bestätigt werden können. Das betrifft z. B. die Zusammenhänge von Verbesserung der Selbstregulation und Verbesserung der Leistungsfähigkeit und Resilienz, von Selbstwertgefühl und objektivem Gesundheitsstatus, von Rollenverständnis und Qualität der Zusammenarbeit im Team. Sozialwissenschaftliche Verfahren und Auswertungsmethoden kommen dabei zum Einsatz.

▷ **Aufgabe:** Schauen Sie noch mal auf die Aufgabe oben. Was hat sich für Sie geändert? Welche neuen Ideen sind hinzugekommen? Was denken Sie, wie viel und welche Form der Evaluation ergibt in Ihrer Organisation beim Ihrem Stand der Coaching-Entwicklung Sinn? – Nennen Sie 5 Argumente.

 Evaluieren Sie Coaching pragmatisch. Konzentrieren Sie sich auf die Frage, was dabei herauskommt. Beziehen Sie die Anspruchsgruppen ein: Was kommt für wen dabei heraus!

Coaching kann nicht nur als Maßnahme oder Intervention für die OE verstanden werden, sondern ist auch selbst Rahmen und Form für die OE zu selbstbestimmteren Mitarbeitenden und agileren Organisationen. Diese mit der Einführung von Coaching in der PE und OE einhergehende Dynamik wird in diesem Kapitel beschrieben.

4.1 Anlassbezogenes Coaching

Die Entscheidung für Coaching wird *zunächst anlassbezogen* getroffen. Eine neue Position soll erfolgreich ausgefüllt, ein neues Team soll schnell arbeitsfähig, ein akuter Konflikt soll besänftigt werden etc. Coaching erscheint als eine Option, die Situation zu verbessern.

Der Unterstützung der Selbststeuerung und Selbstbestimmung durch Coaching wird zu bestimmten Anlässen größere Effekte für Leistung und Entwicklung zugetraut als herkömmlichen Formaten von Anweisung und Training. Empirische Evidenz aus handlungspsychologischen Untersuchungen (Positive Psychologie, Motivationsforschung) spricht dafür. Wissenschaftliche Theoriebildungen aus der Anthropologie und der Praktischen Philosophie sind damit verbunden. Diese Entscheidung und ihre Begründung bildet die Grundlage dafür, Coaching einzuführen. Ohne das gemeinsame Zutrauen in die Leistungsfähigkeit von mehr Selbststeuerung und Selbstbestimmung gibt es kein Coaching.

Einzelpersonen suchen vielfach selbstständig Coaches für die Unterstützung bei besonderen Aufgaben. Führungskräfte haben z. B. die Möglichkeit, selbstständig externe Coaches zu beauftragen. Deren Beitrag zur Wertschöpfung wird zugleich als kritisch und als hoch eingeschätzt, wie im Coaching auf der Ebene

© Springer Fachmedien Wiesbaden GmbH, ein Teil von Springer Nature 2019
M. Loebbert, *Coaching in der Personal- und Organisationsentwicklung*,
essentials, https://doi.org/10.1007/978-3-658-23731-8_4

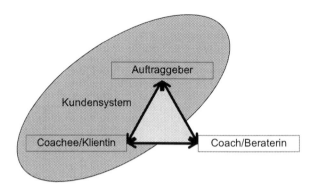

Abb. 4.1 Kontraktdreieck

des Topmanagements nach Modellrechnungen mit 600 % des ROI.[1] Interne PE kann eine Vermittlungsrolle für Coaching und Coaches einnehmen.

Zwei Logiken des Handelns stehen dabei im Konflikt miteinander: 1) die Logik der Organisation, mit den Mitarbeitenden (finanzielle) Ziele zu erreichen und sie dafür in gewisser Weise zu instrumentalisieren, 2) die Logik von Coaching, auf die Selbststeuerung von Personen zu setzen, wohl wissend, dass Menschen, die sich selbst steuern, höhere und bessere Leistungen bringen als solche, die sich eher fremdbestimmt erleben.

Gesteuert wird dieser Konflikt im Coaching mit dem *Kontraktdreieck* (Abb. 4.1). Die zwei Logiken werden im Kundensystem durch zwei unterschiedliche Rollen von 1) Auftraggeberin und 2) Coachee dargestellt. – Das ist übrigens auch dann der Fall, wenn Führungskräfte oder interne Dienstleister Coaching-Aufgaben übernehmen. Zwei Herzen schlagen in der Brust der coachenden Person. 1) In der organisationalen Rolle als Führungskraft, externe Dienstleisterin oder Personalentwicklerin bin ich der (Handlungs-)Logik der Ergebnisse, der Leistungen, des Lernens und der Entwicklung verpflichtet. 2) Als coachende Person arbeite ich dagegen immer in der Logik des Anliegens meiner Coachees. Sein Erfolg steht im Mittelpunkt. Diese zwei Positionen müssen sich in einem (inneren) Verhandlungsprozess vereinbaren, damit Coaching funktionieren kann.

---

[1]Vgl. Anderson (2001). Das Kalkül eines betrieblichen Mehrwerts, der Wertbeitrag von Coaching, ist seither ein wichtiges Argument für den Einsatz von Coaching in der PE und OE.

Der Kontrakt von Coachee und Coach mit der Auftraggeberin ist durch seine Rahmenbedingungen gefährdet. Er kann brechen, wenn die Spannungen z. B. zu den sonstigen Zielen der Organisation oder zu Interessen des gesellschaftlichen Umfeldes so groß werden, dass der Auftrag nicht mehr realisiert werden kann. Genauso können Coachees auch den gegebenen organisationalen Kontrakt verlassen (Kündigung) oder eine Zusammenarbeit verweigern. In der Praxis folgt daraus, dass die Ziele des Coachees mit den Zielen der Organisation (qua Auftraggeberin) wenn nicht explizit abgestimmt, so doch darin Platz haben müssen. Weitere Anspruchspersonen können in die Kontraktphase einbezogen werden.[2]

Personen mit (Ko-)Verantwortung in der PE/OE fungieren in Ergänzung oder gelegentlich auch in Stellvertretung zu Führungsverantwortlichen in der Linie als Auftraggeberinnen. Darin werden mögliche Widersprüche der Ziele des Coachings mit den Zielen der Organisation gemanagt. Gemeinsam ist allerdings, dass Coaching von den Beteiligten als nützlich angesehen wird.

4.2 Organisiertes Coaching – Coaching-Pools

Mehrere oder viele Coachings finden statt. Es wird ein Zusammenhang wahrnehmbar. Ein *Programm* bezeichnet einen systematischen Zusammenhang von Einzelinterventionen, Prozessen oder, aus Sicht der PE, von Lern- und Entwicklungsanlässen, die einem gemeinsamen Zweck dienen. Verantwortliche fragen: Wer darf Coaching in Anspruch nehmen? Welche Themen können (bei uns) in Coachings bearbeitet werden? Was soll eigentlich das Ziel dieser Coachings sein? Es entsteht die Frage nach möglichen Standards beim Einsatz von Coaching und/oder auch der Auswahl von coachenden Personen.

Coaching wird z. B. systematisch in der Führungskräfteentwicklung eingesetzt. Es ergänzt oder ersetzt teilweise vollständig Seminarstrukturen. Ansatzpunkt ist der Vorrang der Selbststeuerung der Teilnehmenden. D. h., immer dann und überall dort, wenn bzw. wo es nicht um die Aufnahme und Reproduktion von Wissen geht, sondern um die Entwicklung von konkreten neuen Lösungen, kann Coaching eingesetzt werden. Manchmal wird das mit der leicht schiefen Vorstellung von Lerntransfer begründet. Eigentlich geht es um Umsetzung. Beste Erfahrungen gibt es mit Gruppencoaching (vgl. Kets de Vries 2013), wo zu der

---

[2]Vgl. Hawkins und Turner, E. (2016) oder auch der Ansatz des stakeholder-zentrierten Coachings von Goldsmith (2007).

Erfahrung der Verbesserung und Entwicklung von Selbststeuerung in der Führung zusätzlich noch die Lern- und Kulturgemeinschaft mit den Peers entsteht. Einzelcoaching erreicht hier deutlich weniger Wirkungen.

Zusätzlich zu Formaten des Eins-zu-eins-Coachings, Team- und Gruppencoachings wird in dieser Phase mit weiteren Formaten wie Coaching durch Führungskräfte und kollegialem Coaching experimentiert (vgl. die Aufzählung von Clutterbuck 2014). Meistens sind es allerdings Einzelinitiativen, die noch wenig aufeinander abgestimmt sind. Auch Coaching-Programme sind noch wenig differenziert. Aus Sicht der Verantwortlichen im Management wird eindringlich die Frage nach der Evaluation gestellt, um Daten für eine weitergehende Einführung von Coaching als Standardangebot zu erhalten.

In vielen Organisationen wird jetzt die Frage nach internen und/oder externen *Coaching-Pools* gestellt. Gemeint ist zunächst die Auswahl der mögliches Coaches verbunden mit der Sicherung von Qualitätsstandards. Assessments von Berufsorganisationen für Coaching werden dabei für die Sicherung professioneller Standards in Anspruch genommen. Viele Organisationen verlassen sich bei der Auswahl interner und/oder externer Coaches auch auf Empfehlungen und persönliche Netzwerke von Mitarbeitenden. Ziel ist es, die Transaktionskosten des Auswahlprozesses zu begrenzen. Merkmale der coachenden Person sollten zu den Herausforderungen der Coachees passen. Dabei geht es mehr um professionelle Kompetenzen als um sogenannte „Chemie": Professionelle Coaches können auch mit schwierigen Klienten zusammen arbeiten.

Für den Aufbau und die Steuerung von Coaching-Pools braucht es organisationsintern ausreichende Expertise und auch Marktkenntnisse. Größere Organisationen entscheiden sich deshalb dafür, Coaching-Dienstleistungen überhaupt extern zu organisieren und sich auf Professionalität und Qualität externer Dienstleister zu verlassen. Große und teilweise weltweit agierende PE- und Coaching-Unternehmen bieten entsprechende Dienste an.

4.3   Coaching als Standardangebot

Coaching verbreitet sich als Handlungsform und auch als Philosophie der Selbststeuerung und Selbstverantwortung. Mitarbeitende erwarten, dass sie Coaching zu bestimmten Fragestellungen ihrer Praxis in Anspruch nehmen können. Führungskräfte vertreten einen Führungsstil mit Coaching-Elementen. Es gibt eine deutliche Wahrnehmung des möglichen Beitrags von unterschiedlichen Coaching-Formaten für die Entwicklung und Steuerung persönlicher und organisationaler Leistungsprozesse.

Für bestimmte Herausforderungen wie Führungswechsel, neue Teams, wahrnehmbar eskalierte Konflikte oder das Verfehlen von Leistungszielen wird systematisch Coaching angeboten. Über Coaching wird in der Organisation gesprochen. Ein gemeinsames Verständnis von Coaching und seinen möglichen Beiträgen zum Erfolg des Unternehmens bildet sich heraus.

Für die PE- und OE-verantwortlichen Führungskräfte oder internen Funktionen stellt sich jetzt die Frage nach dem Qualitätsmanagement:

- Was bedeutet für uns Qualität im Coaching?
- Wie wollen wir mit den qualitativ unterschiedlichen internen und externen Angeboten umgehen?
- Welche Standards wollen wir auf jeden Fall halten?
- Wie wollen wir unsere Qualitätsstandards steuern und sichern?

▶ **Aufgabe:** Denken Sie an Ihre eigene Organisation. Geben Sie je 2 spontane Antworten auf die Fragen oben.

Ansätze für die Steuerung der Qualität:

1. Netzwerke der internen Coaching-Verantwortlichen, Reputation im Netzwerk
2. formale Hürden wie Zertifizierung durch Berufsverband, Studienabschluss, Berufserfahrung etc. – internationale Standards für *professional coaching*.
3. internes Assessment für interne und/oder externe Coaching-Pools, Einbezug von Stakeholdern
4. interne Coaching-Ausbildung von intern coachenden Personen
5. Marktfähigkeit interner Coaches nachweisen
6. Einbezug von (interner) Supervision und Intervision der coachenden Personen
7. externe Beauftragung reputierter Coaching-Firmen
8. Evaluation von einzelnen Coachings, Coaching-Programmen und -Systemen
9. ....

4.4 Coaching als Kultur

Die Kultur einer Organisation lässt sich als den Zusammenhang der Merkmale von Artefakten, Überzeugungen, Werten und (oft unbewussten) Annahmen in Organisationen beschreiben (vgl. Schein 1999, S. 15 ff.). Ihre Struktur bildet aus systemtheoretischer Sicht das gemeinsame *Muster der organisationalen Handlungssteuerung*.

Merkmale von Coaching als Handlungsform werden zu Merkmalen der Organisationskultur. Der Schritt zur Coaching-Kultur (vgl. zu diesem Abschnitt Hawkins 2012) kann durch mindestens 5 Merkmale beschrieben werden:

1. *Selbststeuerung und Selbstbestimmung* werden als gelebte Werte an vielen Stellen wahrnehmbar. Im Zweifel wird für die Selbststeuerung entschieden, z. B. die Abschaffung von Regelkommunikation wie Mitarbeitergespräche oder Zielvereinbarungsgespräche. Die Verantwortung für die Leistungserstellung wird auf der jeweils tiefstmöglichen hierarchischen Ebene angesiedelt. Führung wird zu einem größeren Teil als Coaching auf Augenhöhe gestaltet etc.

2. Die Organisation hat insgesamt ihre *Coaching-Strategie* geklärt und transparent gemacht: Was soll mit Coaching erreicht werden? Wie und wann wird Coaching eingesetzt? Was wird im spezifischen Organisationskontext unter Coaching verstanden?

3. Entscheidungen über *Investitionen in die PE und OE* werden für Coaching gefällt, z. B.: Einzelcoaching in kritischen Situationen, statt darüber hinwegzugehen; Teamcoaching als Standard für Teams und Projekte; Aufbau interner Coaching-Expertise statt eines nur punktuellen Einkaufs; Coaching als regelmäßiger Bestandteil von PE- und OE-Projekten; systematischer Einbau von Coaching in den Führungsalltag.

4. Mit Coaching *verbundene Werte und Überzeugungen* wie Augenhöhe, Wertschätzung, Ressourcen- und Lösungsorientierung werden von den einflussreichen Personen in der Organisation propagiert und vorgelebt.

5. *Mit Coaching wird experimentiert* und Coaching wird weiterentwickelt: kollegiales Coaching, Coaching-Weiterbildung für Führungskräfte, digitale Unterstützungssysteme etc. Coaching wird sogar zu einem Bestandteil der Produkte und Leistungen für die Kundinnen und Kunden des Unternehmens.

Diese Merkmale stehen miteinander in Wechselwirkung (vgl. Klimek und Storck 2016) und können sich wechselseitig in der Ausprägung unterstützen, um eine individuelle Passung von Coaching-Leistungen und der Organisation zu erreichen.

▷   **Aufgabe:** Was sind aus Ihrer Sicht weitere mögliche Merkmale einer Coaching-Kultur? Wie können Sie ihre Ausprägung unterstützen?

4.5   Coaching als Strategie

Coaching wird zu einem zentralen Thema der Strategie (vgl. auch Turner 2012; Turner 2013). Das Topmanagement kennt und vertritt eine detaillierte Argumentationslinie vom (geschäftlichen) Erfolg der Organisation bis zum Coaching als Ansatzpunkt und Hebel dafür. *Business cases* für Coaching im *leadership development,* bei der Stellenneubesetzung, für die Gesundheitsvorsorge, im Talentmanagement, in der Projektunterstützung sind ausgearbeitet. Und manche Unternehmen entscheiden sich sogar, Coaching selbst im Kontext von eigenen Dienstleistungen und Produkten zu verkaufen. Coaching ist der Weg zum Erfolg der Organisation.

Die Fragen nach dem Warum, Wie und Wieviel in Bezug auf das Coaching sind selbstverständlich beantwortet. Es gibt einen klaren organisationalen Auftrag und bewährte Lösungen für die Organisation und das organisationale Design von Coaching. Ausgewiesene Coaching-Rollen sind in der formalen Organisation für Führungskräfte und/oder interne und externe Coaches dargestellt und beschrieben. Darin ist die Netzwerkorganisation, die agile Organisation (vgl. Kap. 5) und/oder die Teamorganisation zentraler Baustein der Geschäfts- bzw. Entwicklungsstrategie.

Vielleicht findet sich keine Organisation, die Coaching als Strategie idealerweise verwirklicht hat. Einzelne Bausteine sind allerdings durchaus darstellbar. Welche Ansatzpunkte eignen sich besonders, Coaching auch ein strategisches Gewicht zu geben? Was ändert sich für eine Organisation, ein Unternehmen, das Coaching als zentralen Bezugspunkt einführt?[3]

4.6   Coaching als Organisationsentwicklung

Die in den Abschn. 4.1 bis 4.5 beschriebenen Stufen vom (1) anlassbezogenen Coaching bis zu (5) Coaching als Strategie sind miteinander verbunden. (5) enthält auch (1) bis (4), (4) auch (1) bis (3) etc. Dieses Modell eines erfahrenen Anbieters von Beratung für die Einführung von Coaching, des Center of Creative Leadership, (siehe insgesamt Riddle et al. 2015) behauptet einen organischen Verlauf für die organisationale Koppelung von Coaching. Es ist für die Steuerung von Coaching in Organisationen ein praktikabler roter Faden und Maßstab für die Einschätzung, welche Stufe eine Organisation mit Coaching erreicht hat und was die möglichen nächsten Schritte sind (vgl. Abb. 4.2).

---

[3]Vgl. das Beispiel des niederländischen Spitex-Dienstleisters Buurtzorg bei Vermeer und Wenting (2016).

Coaching als Strategie

Coaching als Kultur

Coaching als Standard

organisiertes Coaching

anlassbezogenes Coaching

Abb. 4.2 Organisationsentwicklung von Coaching (nach Hoole 2015, S. 31)

▷   **Aufgabe:** Wie schätzen Sie es ein, auf welcher Stufe der Organisations-
    entwicklung von Coaching steht Ihre Organisation? Was haben Sie
    damit schon alles erreicht? Was wären vielleicht mögliche nächste
    Schritte? Welche geschäftlichen Argumente gibt es dafür, in diese
    Richtung zu gehen? Welche Risiken sind damit verbunden?

Ja, und es ist auch ein bisschen Idealismus dabei, wenn Coaching schließlich auf
Stufe 5 zum Treiber der Strategie werden soll. Die „coachende Organisation"
wird zu einem entscheidenden Wettbewerbsvorteil, um mit Coaching schnellere
und auch kostengünstigere Leistungen und Produkte erstellen zu können. Vielleicht fantasieren Sie an dieser Stelle erst mal selbst weiter darüber, was Sie bisher von *holocracy, teal organization* oder *agile* gehört und erfahren haben. Sie
dürfen dabei ein wenig skeptisch bleiben, ob ein endgültiger Ersatz traditionel-
ler Hierarchie durch Coaching auf Augenhöhe realistisch und wünschenswert ist.
Mindestens aus organisationaler Sicht (vgl. Abb. 3.2 Komplexität und formale
Organisation oben) ist Hierarchie ein durchaus effizientes Steuerungsprinzip für
einfache und repetitive, weniger komplexe Aufgaben und ist für die Reproduktion
von gesammeltem Wissen und Erfahrungen unverzichtbar. Der entscheidende
Unterschied zur traditionellen Vorstellung der Hierarchie als ontologisch gegeben
ist allerdings, dass wir in komplexen Kontexten entscheiden müssen, wie wir
die Form unserer Zusammenarbeit organisieren und steuern wollen. Und dafür
braucht es Coaching.

▷   Halten Sie die erreichte Prozessstufe und unterstützen Sie den nächs-
    ten Schritt!

Coaching in agilen Organisationen 5

5.1 Agiler ist stabiler

Das Konzept der *Agilität* (engl: *agile*) kommt ursprünglich aus der Softwareentwicklung, besser: aus der Organisation von Softwareentwicklung. Herkömmliche systematisch geplante Vorgehensweisen erwiesen sich als immer weniger geeignet, um den sich ständig ändernden Kundenherausforderungen für deren Kunden (Kunden der Kunden) gerecht zu werden. Softwareingenieure und Managementverantwortliche haben 2001 ihre Erfahrungen in dem sogenannten „agilen Manifest" zusammengefasst:[1]

- Menschen und ihre Zusammenarbeit haben Vorrang vor Prozessen und Methoden.
- Das Funktionieren einer Software ist wichtiger als die Dokumentation.
- Die direkte Zusammenarbeit mit dem Kunden ist wichtiger als der geschlossene Vertrag.
- Antworten auf Veränderung sind wichtiger, als dem vorgefassten Plan zu folgen.

Daraus werden weitere Schlussfolgerungen gezogen: Die Organisation der Zusammenarbeit in einem Team, eines Dienstleisters und mit seinen Kunden folgt den Herausforderungen der Kunden. Für die Entwicklung von Software als interne oder externe Dienstleistung wurde damit ein Perspektivwechsel von der Methodenorientierung – Qualität und Verlässlichkeit – zur Kundenorientierung formuliert. In der Übertragung auf die Organisation von Zusammenarbeit in Organisationen bedeutet agil zunächst nichts anderes als: die Kunden zuerst.

---

[1]Vergleiche hier und im Folgenden die fassliche Darstellung von Denning (2018, S. 22 ff.). Die Übersetzung stammt vom Autor.

© Springer Fachmedien Wiesbaden GmbH, ein Teil von Springer Nature 2019
M. Loebbert, *Coaching in der Personal- und Organisationsentwicklung*,
essentials, https://doi.org/10.1007/978-3-658-23731-8_5

Strukturen und Formen unserer Zusammenarbeit bestimmen wir danach, wie es
für unsere Kunden, unsere Leistungen für unsere Kunden am besten ist.

Aus organisationstheoretischer Sicht wird die Stabilität von Organisation als
die Erhaltung ihrer Leistungsfähigkeit statt von der inneren Form (der formalen Organisation) vom äußeren Kontext, der realen Nachfrage von Kunden, her
gedacht. Agile Organisationen, die fähig sind, die Form ihrer Zusammenarbeit an
die Nachfrage ihrer Kunden anzupassen, sind stabiler als Organisationen, welche
abstrakten Regeln und Veränderungslogiken folgen.

Darin beinhaltet das Konzept der *agilen Organisation* das schon oben in
Abschn. 3.1 (vgl. auch Abb. 3.2) beschriebene funktionale Verständnis von Organisation als Funktion der Zusammenarbeit mit dem Ziel, Wertbeiträge für Kunden
zu schaffen.[2] Und mit der Frage nach der konkreten Gestaltung von Organisation wird zugleich Coaching als die Unterstützung von Selbstorganisation mit
adressiert: Wie *wollen* wir uns organisieren? Darüber hinausgehend können aus
der Praxis einer agilen Organisation als Voraussetzungen für eine in der Praxis
realisierte Agilität (Beweglichkeit) weitere Merkmale beschrieben werden: Ste-
phen Denning (vgl. Denning 2018, S. 27 ff.) argumentiert: 1) Kleinere funktions-
übergreifende Teams sind eher in der Lage, ihre Zusammenarbeit im direkten
Kundenkontakt selbst zu steuern und zu verändern. Sie bilden die kleinsten
Leistungseinheiten agiler Organisation. Sie sind der Motor für Innovation und
Entwicklung. 2) Kunden genießen absoluten Vorrang, immer und überall. Das
bedeutet: kleine Feedbackschlaufen, Transparenz aller Prozesse, geteiltes Wissen,
Fehlerfreundlichkeit und Schnelligkeit. 3) Funktionierende interne und externe
Netzwerke sind die Voraussetzung für die Realisierung komplexer Leistungs-
prozesse. Gemeinsame Ziele und Werte halten sie zusammen. Das *Coaching
ihrer aktuellen Selbstorganisation hat den Vorrang* vor traditionellen Führungs-
leistungen des Anweisens und des Kontrollierens und ersetzt diese teilweise.

Die agile Organisation ist aus der dargestellten funktionalen Perspektive kein
Ideal, das nach festgeschriebenen Regeln und Methoden verwirklicht werden
kann. Dann wäre die Organisation ja schon nicht mehr agil. Svenja Hofert (vgl.
Hofert 2016) folgend wäre es daher passend, lieber in der Steigerungsform von
agileren Organisationen zu sprechen, welche die oben genannten Merkmale mehr
verwirklicht als andere. Agilere Organisationen sind in komplexen Kontexten
leistungsfähiger als weniger agile.

---

[2]Tatsächlich halte ich *agile Organisation* für eine in der Praxis leistungsfähige Konzept-
bildung für Organisation in komplexen Kontexten im Unterschied zu mehr esoterischen
Vorstellungen wie *Teal Organisation* (vgl. Laloux 2014) oder *Holocracy* (vgl. Robertson
2016), denen eine organisationstheoretische Fundierung weitgehend fehlt.

5.2 Agiles Coaching

Darin sind die Vorstellungen von agiler Organisation und von Coaching eng miteinander verbunden. Mehr Selbststeuerung und mehr Selbstbestimmung sind der gemeinsame Bezugspunkt. Coaching muss selbst agil sein, damit Mehrwert für agile(-re) Organisation entstehen kann.

1. *Personen und Interaktionen sind wichtiger als Prozesse und Tools.* – Der Satz aus dem „agilen Manifest" steht am Anfang. Natürlich sind Prozessbeschreibungen und Werkzeuge nützlich im Coaching und für die Steuerung von Coaching. Vorrang hat aber diese individuelle Person und diese Coaching-Interaktion, die jetzt eine funktionale Innovation und Verbesserung bereitstellen kann. Und manchmal verletzt das jede Regel.
2. *Wertvolle Ergebnisse für Klienten/Coachees sind wichtiger als die Einhaltung von Abläufen.* – Coachende Personen brauchen selbst Autonomie und Freiheitsgrade, wenn sie ihre Klienten erfolgreich unterstützen wollen. Organisationen, die Selbststeuerung und Selbstverantwortung ihrer Coaches nicht leben wollen, haben keinen Erfolg mit Coaching.
3. *Die Zusammenarbeit mit Coachees richtet sich nach deren Anliegen und Herausforderungen für deren Kundinnen und Klientinnen.* – Die Kundinnen der Coachees sind die Bezugspunkte für die Coaching-Interaktion. Das ist die Zeit, die Zahl der Treffen, die Art der Kommunikationskanäle und der Evaluation. Standardisierte Designs können nur einen Rahmen bilden, der immer wieder überschritten werden darf. Das beste Coaching erfolgt selbstorganisiert. Die *Design- und Formatkompetenz* der coachenden Personen ist dabei von zunehmender Wichtigkeit.
4. *Evaluation von Coaching dient dem Lernprozess, noch bessere Resultate zu erreichen, nicht der Kontrolle.* – Evaluation unterstützt die Organisation immer besser, passenderes Coaching für die realen Anliegen und Fragestellungen zu gestalten. Der Geist der Kontrolle wird durch Coaching ausgetrieben: Evaluation und gemeinsames Lernen ist besser.

Klassische Steuerungskonzepte, wie Coaching anzuweisen, Zwangscoaching, Programme, planvolle Einführung, Systematisierung von Coaching in der PE und OE rücken etwas in den Hintergrund. Menschen in agileren Organisationen, agilere Teams steuern und organisieren Coaching passend zu ihren Herausforderungen. Personen in agileren Organisationen brauchen grundlegende Coaching-Kompetenzen sowie Erfahrung und Wissen über den spezifischen

Beitrag von Coaching. Coaching in den Handlungsformen von Führung, interner und externer Beratung, Qualitätsmanagement wird Normalität. Die Konzepte *Agilität* und *Coaching* sind miteinander durch eine gemeinsame Haltung (engl: *mindset*) verbunden. Wertschätzung der Kunden und ihrer Herausforderungen, Orientierung an den vorhandenen Ressourcen, Überzeugung von positiven Lösungen, Vertrauen in die Selbststeuerungskompetenz von Kunden und Mitarbeitenden. Organisationen, die agiler werden wollen, brauchen mehr (agiles) Coaching.

Was Sie aus diesem *essential* mitnehmen können

- wie Coaching das traditionelle Verständnis von Personal- und Organisationsentwicklung verändert
- wie Coaching in die Personal- und Organisationsentwicklung eingeführt und dort eingesetzt werden kann
- Tipps und Hinweise, was Sie dabei tun und auch lassen sollten
- ein Gefühl und eine Vision dafür, wie unsere Zusammenarbeit in Organisationen freier und zugleich verantwortlicher werden kann
- mehr agiles Coaching – einen Blick auf die Zukunft der Personal- und Organisationsentwicklung

© Springer Fachmedien Wiesbaden GmbH, ein Teil von Springer Nature 2019
M. Loebbert, *Coaching in der Personal- und Organisationsentwicklung,*
essentials, https://doi.org/10.1007/978-3-658-23731-8

Literatur

Einige Literaturverweise habe ich ein wenig kommentiert. Für das Coaching in der PE und OE kann somit nicht nur das einzelne Werk, sondern auch der Gesamtzusammenhang der Publikationen als Stand des aktuellen Wissens und der aktuellen Erfahrung wahrgenommen werden.

Anderson, M. C. (2001). Executive briefing: Case study on the return on investment of executive coaching. http://www.metrix-global.net. Zugegriffen: 17. Apr. 2012. (Viele Kollegen haben das für Quatsch gehalten, da der ROI für Coaching nicht wirklich ausgerechnet werden kann. Die Betriebswirtschaftlerinnen unter Ihnen wissen freilich, dass auch der ROI nur ein, ein allerdings ganz praktisches, Modell ist und sich einer strengen mathematischen Auswertung letztlich entzieht).

Argyris, C., & Schön, D. (1999). *Die lernende Organisation. Grundlagen, Methode, Praxis.* Stuttgart: Klett-Cotta. (auf amerikanisch 1978 erschienen, heute ein Klassiker).

Balzer, L., & Beywl, W. (2015). *Evaluiert – Planungsbuch für Evaluation im Bildungsbereich.* Bern: Hep Verlag. (ein praktisches Buch).

Boos, F., & Mitterer G. (2014). *Einführung in das systemische Management.* Heidelberg: Carl Auer. (sehr gute Einführung in systemtheoretische Konzepte im Management).

Bresser, F. (2016a). Coaching in Unternehmen systematisch und strategisch nutzen. In R. Wegener, M. Loebbert & A. Fritze (Hrsg.),. *Zur Differenzierung von Handlungsfeldern im Coaching* (S. 455–462). Wiesbaden: Springer. (Frank Bresser beschreibt kritische Voraussetzungen für die Einführung von Coaching in Organisationen).

Bresser, F. (2016b). Die aktuelle Bedeutung von Coaching-Programmen. In R. Wegener, M. Loebbert, & A. Fritze (Hrsg.), *Coaching-Praxisfelder – Forschung und Praxis im Dialog* (2. Aufl., S. 183–199). Wiesbaden: Springer. (Frank Bresser gibt einen internationalen Überblick).

Carter, A., Blackman, A., & Hicks, B. (2014). Barriers to successful Outcomes from Coaching. *Proceedings of the Fourth EMCC Mentoring and Coaching Conference*, 112–131. Paris. (Das Resümee ist: Wenn Coaching schlecht gemacht ist, funktioniert es auch nicht – eine aus meiner Sicht wichtige Erkenntnis).

Clutterbuck, D. (2014). What every HR director should know about coaching and mentoring strategy. https://www.davidclutterbuckpartnership.com/what-every-hr-director-should-know-about-coaching-and-mentoring-strategy/. Zugegriffen: 18. Juli 2017.

© Springer Fachmedien Wiesbaden GmbH, ein Teil von Springer Nature 2019 49
M. Loebbert, *Coaching in der Personal- und Organisationsentwicklung,*
essentials, https://doi.org/10.1007/978-3-658-23731-8

Denning, S. (2018). *The age of agile: How smart companies are transforming the way work gets done.* New York: Amacom. (Ein gut recherchiertes und gut zusammengefasstes Grundlagenbuch für agile Organisation).

Goldsmith, M. (2007). *What Got You Here, Won't Get You There.* New York: Hyperion. (Einbezug der Anspruchsgruppen ins Coaching nach Art eines 360°-Feedbacks).

Hawkins, P. (2012). *Creating a coaching culture.* Berkshire: Open University Press.

Hawkins, P., & Turner, E. (2016). Multi-stakeholder contracting in executive/business coaching: an analysis of practice and recommendations for gaining maximum. *International Journal of Evidence Based Coaching and Mentoring, 14*(2), 48–65.

Hofert, S. (2016). *Agiler Führen – Einfache Maßnahmen für bessere Teamarbeit, mehr Leistung und höhere Kreativität.* Wiesbaden: Springer. (Einführung für Führung, die an ihrem Verschwinden arbeitet).

Hoole, E. (2016). Assessing Your Organization's Need für Coaching. In D. D. Riddle, et al. (Hrsg.), *Handbook of Coaching in Organizations* (S. 29–48). San Francisco: Jossey-Bass.

Kets de Vries, M. (2013). Am Wendepunkt – ein Expertengespräch mit Manfred Kets de Vries über die Veränderungskraft von Coaching. *Zeitschrift für Organisationsentwicklung 3,* 4–14. (wirkliche Einblicke).

Klimek, A., & Stork, W. (2018). Coaching-Kultur in deutschsprachigen Organisationen. In R. Wegener, et al. (Hrsg.), *Wirkung im Coaching* (S. 210–220). Göttingen: Vandenhoeck & Ruprecht.

Laloux, F. (2014). *Reinventing Organizations – a Guide to Creating Organizations Inspired by the Next Stage of Human Consciousness.* Brüssel: Nelson Parker.

Liebl, M. (2013). Change-spezifisches Coaching. *Zeitschrift für Organisationsentwicklung 3,* 99–104. (schöner Zusammenfassungsartikel).

Loebbert, M. (2018a). *Coaching in der Beratung – Wie Beratung erfolgreich ist.* Wiesbaden: Springer. (Coaching ist die Steuerung wirkungsvoller Beratung).

Loebbert, M. (2018b). Erfolgsfaktoren – wie Coaching wirksam wird. In R. Wegener et al. (Hrsg.), *Coaching-Prozessforschung. Forschung und Praxis im Dialog* (S. 194–214). Göttingen: Vandenhoeck & Ruprecht. (Erfolgs- und Wirkfaktoren im Coaching werden in einem Modell für die Steuerung und Beobachtung von Coaching systematisch aufeinander bezogen).

Loebbert, M. (2017). *Coaching Theorie. Eine Einführung* (2. aktualisierte Aufl.). Wiesbaden: Springer. (Auch für Auftraggebende nützlich, die sich informieren wollen: Worüber reden wir eigentlich, wenn wir über „Coaching" reden?).

Loebbert, M. (2016). *Wie Supervision gelingt – Supervision als Coaching für helfende Berufe.* Wiesbaden: Springer. (Die Einführung des Klienten und Kunden des Klienten in den Handlungsrahmen von Coaching gewinnt auch für Coaching in der PE und OE an Bedeutung).

Loebbert, M. (2015). Wozu Coaching? Radiovortrag. http://www.mloebbert.com/publications-Dateien/Loebbert_Coaching_SWR2.mp3. Zugegriffen: 14. Juli 2018.

Loebbert, M. (2014). Praxisfelder im Coaching. In R. Wegener, A. Fritze, & M. Loebbert (Hrsg.), *Coaching-Praxisfelder – Forschung und Praxis im Dialog* (S. 199–216). Wiesbaden: Springer VS.

Loebbert, M. (2013). Einleitung. In M. Loebbert (Hrsg.), *Professional Coaching – Konzepte, Instrumente, Anwendungsfelder* (S. 1–13). Stuttgart: Schäffer-Poeschel.

Neesham, C., & Plermo, J. (2016). Running ahead: Getting a return on investment for coaching. *International Journal of Mentoring and Coaching 9-1*, 2–30. (für diejenigen, die es immer noch nicht glauben).

Robertson, B. J. (2016). *Holacracy. Ein Revolutionäres Management-System für eine volatile Welt*. München: Vahlen. (Vom Erfinder: Interessant und teilweise auch übertragbar ist die Beschreibung der Rolle von *Holacracy*-Coaches).

Rettich, M. (2013). Coaching als managemententwicklung. In M. Loebbert (Hrsg.), *Professional coaching* (S. 337–351). Stuttgart. Schäffer-Poeschel. (Einführungsartikel von einem Praktiker).

Riddle, D. D. et al. (Hrsg.) (2015). *Coaching in organizations*. San Francisco. Jossey-Bass. (Das ist das State-of-the-Art-Handbuch).

Schein, Ed H. (1999). *The corporate culture survival guide*. San Francisco: Jossey-Bass.

Schiessler, B. (2010). *Coaching als Maßnahme der Personalentwicklung*. Wiesbaden: VS-Verlag. (Monografie, die erste Hälfte des Buches ist gut zur Einführung, dann kommt die Autorin etwas vom Thema ab).

Scott, B., & Barnes, K. B. (2011). *Consulting on the Inside. A practical Guide for internal Consultants* (2. Aufl.). Danvers: ASTD Press. (*hands-on* für interne Beratung und Coaching).

Simon, F. B. (2009). *Einführung in Systemtheorie und Konstruktivismus* (Vierte Aufl.). Heidelberg: Carl-Auer. (schöne Einführung, griffig und gut zu lesen).

Stephan, M., & Gross, P. (Hrsg.) (2011). *Organisation und Marketing von Coaching. Aktueller Stand von Forschung und Praxis*. Wiesbaden: VS Verlag. (darin einige „Fallberichte" über Coaching bei Daimler, Siemens, Novartis, SAP, Hessischer Rundfunkt, Goethe Universität Frankfurt).

Terblanche, N. (2018). Constructivist-Pragmatist Framework for Developing Coaching Models. Vortrag an der Internationalen Coaching Konferenz Coaching-meets-Research 2018. (Nicky Terblanche bestätigt in seiner Grundlagenforschung das 5-Phasen-Modell als gemeinsames implizites Wissen der untersuchten Coaches).

Turner, P. (2013). *The secrets of organisational coaching* (Kindle-Edition). Cork: Book-Baby. (prima Einführung für Coaches und auch Managementverantwortliche für Coaching).

Turner, P. (2012). A strategic approach to coaching in organisations: A case study. *International Journal of Coaching and Mentoring, 1,* 9–26.

Vermeer, A., & Wenting, B. (2016). *Selfmanagement. How does it work?* Amsterdam: Reed Business Information. (Das ist das berühmte Buch zu Buurtzorg, *must read* für alle, die sich mit Selbstorganisation in Organisationen beschäftigen).

Einige Websites

http://coaching.mloebbert.com – Das ist mein persönlicher Coaching–Blog, immer wieder auch zu Themen der PE und OE. Aktuell finden Sie hier Ansätze und Erfahrungen, die erst später in *white papers* und/oder Veröffentlichungen Niederschlag finden.

http://www.coaching-studies.ch – Das ist die Website der Coaching-Studies der Fachhochschule Nordwestschweiz. Hier gibt es Informationen zu aktuellen Weiterbildungen und Konferenzen, damit Sie auf dem Laufenden bleiben.

http://www.coaching-meets-research.ch – Auf unserer Kongressseite finden Sie Unterlagen und Materialien der vergangenen Kongresse von 2000 bis 2018.

https://study.sagepub.com/coachingcontexts – Die Website enthält eine Fülle von interessanten Fallberichten auf Englisch.